COLLECTION

DE

CARTULAIRES DAUPHINOIS

—

TOME DEUXIÈME—1ʳᵉ LIVRAISON

—

ACTES CAPITULAIRES

DE

L'ÉGLISE SAINT-MAURICE

DE VIENNE

PUBLIÉS PAR

L'abbé C-U-J. CHEVALIER

LYON

A. Brun, libraire

1875

ACTA
CAPITVLARIA
SANCTAE ECCLESIAE VIENNENSIS

ACTA CAPITVLARIA
SANCTAE ECCLESIAE VIENNENSIS

INCIPIUNT STATUTA CAPITULI SANCTE VIENNENSIS ECCLESIE.

DE VETERI STATUTI RENOVATIONE.

ANNO Domini M°. CC°. XXV°, v°. kalendas augusti *(28 juillet 1225)*, Dominus Johannes archiepiscopus & Capitulum, attendentes quod statuta sive ordinationes que diu facta fuerant pro servitio ecclesie tam ab ipsis canonicis quam a clericis minime debite servarentur, unde ecclesia circa divinorum celebrationem officiorum detrimentum & dedecus sustinebat, statuta vetera renovantes quedam insuper addiderunt. Sunt autem statuta : — § Statuimus ut clerici vel sacerdotes de choro nostro, si adepti fuerint beneficia spiritualia propter que oporteat eos facere residenciam extra urbem, a chori consortio sint divisi; si tamen per vicarios ibi servierint & hibi fecerint residentiam, a choro propter hec non recedent; ex quo semel exierint sine voluntate capituli, non recipientur ibidem. — § Clerici de majori choro vel medio in civitate presentes, si per duos dies continuos aliqua horarum in choro non fuerint, chorum de cetero non

intrabunt, nifi de licentia decani, cantorum & canonicorum
prefentium : duo tamen *(b)* dies ix^{vem} lectionum vel plures
continui reputantur pro uno ; in reconciliatione illorum de
choro medio vocabitur cabifcolus, vel magifter fuus. — § Canonici, non computata die qua in civitatem venerint, fi per
duos dies continuos ab officio chori omnibus horis abfentes
fuerint, vii denarios perfolvent : quos fi reddere diftulerint,
a choro & capitulo fiant alieni penitus, nec libram percipiant donec perfolverint. Similiter intelligitur de clericis,
quod dies qua in civitatem veniunt eis non currat, fet
duo poft continui. — § Canonici vel clerici qui in feftivitate
ix^{vem} lectionum matutinis non interfuerint, per totam diem
chorum non intrabunt : hec autem intelligimus, nifi fortaffe
aliquem vel aliquos infirmitatis vel oftagiis vel alia jufta
caufa excufaverint. — § Canonici qui ad feptimanas facien-
das vicarios cabifcolo vel magiftro non reprefentaverint, pro
fingulis diebus quibus defectus fuerit in eorum officio vii.
denarios folvent, ad quorum folutionem pena fuperius ap-
pofita funt arcendi ; ex quo tamen vicarios, ut dictum eft,
reprefentaverint canonici, culpa vicariorum erit que ca-
(v°) bifcolo vel magiftro fuo relinquitur punienda. — § Vicarii
non tantum per fe, fed etiam per alios poterunt defervire.
— § Si clerici de Pupeto frequentant urbem & per duos dies
vifi fuerint in urbe verfari, tenentur ad obfervationem ftatuti.
— Ad hec etiam obfervanda & ea que inferius exprimun-
tur, canonici qui prefentes erant in capitulo fe juramento
aftrinxerunt : fet juramentum non durat nifi a proximo
fefto Omnium Sanctorum ufque ad annum. Sciendum igitur quod fi quis in edictum inciderit, decetero reconciliari
minime poterit, etiam a toto capitulo, a die ejectionis vel
culpe ufque ad annum ; fi tamen cabifcolus vel magifter
fuus aliquem clericum propter culpam vel exceffum fuum
ejecerit a choro five ab ecclefia, poterit eum reconciliare.
Interim tamen dum extra ecclefiam vel chorum morabitur,
libram non percipiet infra terminum fupradictum. A modo
nullus clericus poteft de novo inftitui in ecclefia, nifi per-

fone alicujus excellentia forfitan aliud fuaderet. — § Poft
hec Guigoni d'Auries perfonaliter concefferunt ut quan(diu)
in baftia fi-(d)ve in caftro Sancti Severi jacuerit, five folus
five cum altero clerico, ipfe & etiam alter qui cum eo clericus fuerit privilegio quod habent clerici de Pupeto uti poffe.

ANNO Incarnationis Domini M° CC° XXVIII°, v° kalendas aprilis (28 mars 1228), dominus Johannes
archiepifcopus & canonici Viennenfis ecclefie & etiam clerici, folliciti de perfectione operis ejufdem ecclefie, ordina-
runt quod finguli juxta poffibilitatem fingulis annis de
bonis fuis ad iddem opus conferrent certum quid, & folvant
in fefto fancti Andree; & juraverunt omnes quod folvant,
aut ab eo fefto qui forte non folverit tunc ecclefiam Viennenfem nec etiam aliam intret, nec libram capiat donec folverit, & etiam yfuras vel expenfas reddiderit quas ab eo
fefto illi qui ad recipiendum hoc prefecti funt fecerint; pro
rata tamen quiflibet hoc facere tenetur a proximo futuro
fefto fancti Andree ufque ad v° annos. — Domnus Guillelmus procurator ecclefie Valentinenfis dabit x. libras; Gilius
cantor, xxx. folidos; Drodo de Bello Videre, xl. folid.;
Thomas prepofitus Valentinen., lx³ fol.; Petrus (f° ij) de
Boton, xl. fol.; Antelmus de Chinnins, xxx. fol.; Martinus
de Bachillin, xx^u fol.; Jacobus de Monte Canuto, xx. fol.
quos debet fibi refectorium, & xl. fol. quos debet fibi Nicholaus, & hoc donat Jacobus quando erit canonicus;
W(illelmu)s archidiaconus, c. fol., tamen per iii annos;
Guido de Auries, xl. fol.; Petrus Falaveuz, x. fol. quos
debet fibi refectorium; Albertus de Bocofello, xx. fol.;
Petrus Callidus, xx. fol.; Villelmus de Claro Monte, xxx.
fol., quamdiu prefens in terra ifta fuerit; Falco Veyiers, xx.
fol.; Nicholaus, xl. fol.; Poncius d'Auriol, xl. fol.; En-
dricus, xl. fol.; B(erlio) facrifta, l. fol.; Guigo de Sancto
Georgio, xl. fol.; Aymo Pag(ani), xl. fol.; Gaudemarus,
xx. fol.; Petrus Lupi, xx. fol. quos debet fibi refectorium;
Jacobus de Montibus, xx. fol.; B(erlio) cabifcolus, xx. fol.

Pro facrifta juravit M. Bachillins; pro Jacobo de Monte Canuto jur(avit) Nicholaus in xl. fol; pro Guigone de Sancto Georgio in xxv. fol. & pro Petro Lupi in xxᵗⁱ fol. & juravit Petrus de Botaon quod eos debet.

SECUNTUR NOMINA CLERICORUM CONCEDENTIUM AD OPUS.

§ Prior Sancti Martini, xxx. folidos; Poncius de Sancta Maria, xxx. folid.; Arialdus, x. fol.; *(b)* domnus helemofine, xv. fol.; Stephanus Pes Bovis, xv. (fol.); Gilbertus de Vernout, vi. fol.; Villelmus de Royvon, v. fol.; P. Marefcoz, v. fol.; domnus Aymo, v. fol.; Silvio, v. fol.; Poncius de Capella, ix. fol.; Garinus, iiii. fol.; Ay. nepos Jacobi, v. fol.; Rodulphus, v. fol.; B. Rogimol, iii. fol.; Andᵉ Byffons, iii. fol.; Nicoldus, v. fol.; G. Forners, v. fol.; B. clericus, v. fol.; Raynaldus, v. fol.; Durandus, v. fol.; Evrardus Fouchiers, v. fol.; G. de Lavaleta, v. fol.; Arbertus de Villa, v. fol.; A. de ultra Rodanum, ii. fol.; Le Bos, xii. den.; Johannes Recordons, ii. fol.; Petrus Evrardi, ii. fol.; Villelmus de Mota,   ; Petrus Corderii, iiii. fol.; Nicholaus, iii. fol.; Johannes Chalvus, iii. fol; Vitalis, x. fol.; Stephanus fcriptor, v. fol.; Dur. Gaytons, v. fol.; Raymondus, ii. fol.; Jarento, xx. fol.; magifter Johannes, x. fol.; P. de Sancto Albano, xx, fol.; A. de Rofill(one), x. fol.; G. d'Arey, v. fol.; G. archipresbiter, xx. fol., pro fe & fratre fuo.; P. d'Anjo, x. fol.; Villelmus Sutor, v. fol.; Andreas de la Vulpilleri, x. fol.; Johannes Rex, x. fol.; Michael, xx. folidos.   *(vº)*

ANNO Domini Mº. CCº. XXXIº, iiiiº nonas marcii *(4 mars 1232 n. ſt.)*, domᵘˢ Johannes archiepifcopus & capitulum Viennenfe in generali capitulo ftatuerunt, ut tam canonici quam clerici libram in ecclefia non percipiant quoufque folverint integre quod promiferunt operi ecclefie; illi vero qui non promiferunt, fimiliter nullam libram percipiant quoufque promiferint & folverint. Statuerunt etiam dicti canonici, archiepifcopus & capitulum, ut commenfales clerici fi ea que debent admoniti a facrifta non folverint quod

deberent, & illi qui non promiferunt promiferint & folverint, ab ingreffu ecclefie Viennenfis tam diu abftineant
quoufque fuper hoc fatisfecerint competenter. Operarius
vero libram eorum qui non folverint accipiat quamdiu in
folutione ceffaverint, in pena ipforum.

A nno Domini M° CC° XXX° III°, die dominico poft
feftum beati Johannis Baptifte (26 juin 1233), ftatutum fuit in capitulo Viennenfi, ut quicumque matutinis
interfuerit, fi recedat abfque comeftione, libram illius diei
non admittat. Item ftatutum fuit, ut quiflibet libram fuam
admittat (d) qui ante completum completorium non exe-
gerit vel ad domum procuratoris anniverfariorum pro ea
exigenda non miferit.

A nno Domini M° CC° XXX° III°, xii° kalendas decembris (20 novembre 1233), ftatutum fuit quod groffi
fruĉtus feu beneficia vacantia, que dona dicuntur, inter canonicos dividantur; elecĉti ad dividendum bona fide & jufta
eftimatione dividant: canonici vero contenti fint portione
que fingulis affignabitur, & nichil amplius petere poffint,
etiam fi beneficio fibi affignato refignaveri(n)t; preterea par-
titores, pronuntiata divifione, nichil amplius in ea divifione
poffint.

A nno Domini M° CC° XL°, menfe febroarii (février
1241 n. ft.), dominus Jo(hannes) archiepifcopus &
canonici, in capitulo generali exiftentes, ordinaverunt quod
Berlio cabifcolus ratione cabifcolie haberet terciam partem
cenfarum & venditionum in domibus que funt infra carre-
rias iiii°ʳ, quarum prima ducit a domo Jacobi de Turre clerici ufque ad petram Viennenfem, & inde ufque ad portam
monafterii, & inde ufque ad domum Planterii & exinde
ufque ad dicĉtam domum Jacobi; preci-(f° iij)pientes etiam
quod dominium & cenfa hujus in tres partes dividantur ad
arbitrium bonorum virorum, & dicĉtus cabifcolus habeat
fuam terciam divifam & capitulum fuas divifas duas partes.

Anno Domini M⁰ CC⁰ XL. III, in capitulo generali poſt feſtum beati Mauricii *(23 ſeptembre 1243)*, dominus Jo(hannes) archiepiſcopus & omnes canonici qui preſentes erant ſtatuerunt quod, a proximo feſto Natalis Domini in antea, ullus canonicus vel clericus nutriat porcos vel porcum infra clauſtrum : quod ſi fecerit & extra domum ſuam in clauſtro reperti fuerint porci vel porcus, Guifreido de Viriaco occupa(n)tí vel capienti conceſſum eſt.

Eodem die ordinaverunt quod G(uigo) ſacriſta Viennenſis recipiat, ſingulis annis uſque ad iiiᵒʳ annos, in pedagio primas xxv. libras que venient de pedagio, ad opus majoris turris de Pupeto reedificande & meliorande.

Anno Domini M⁰ CC⁰ XL. IIII⁰, in capitulo generali Omnium Sanctorum *(2 novembre 1244)*, capitulum Viennenſe ſtatuit & ordinavit, quod refectorarii & procuratores aniverſariorum, quicumque fuerint decetero, nullam habeant poteſtatem prorogandi vel relau-*(b)*xandi aliquem ſuper cenſibus que debentur capitulo vel aniverſariis, quocumque tempore debeantur; verumptamen volumus quod illos qui debent & quod debent, dicti refectorarii & procuratores aniverſariorum denuncient et nominent, & ad ſolutionem per ceſſationem divinorum arceantur.

Anno Domini M⁰ CC⁰ XL. IIII, in generali capitulo Carniprivii *(6 mars 1245 n. ſt.)*, ad inſtanciam Falchonis vicarii, quondam canonici Viennenſis, ordinatum fuit quod aniverſaria facerent ſingulis annis in feſto beate Katherine generalem libram conventui eccleſie Viennenſis & elemoſinam ſolitam pauperibus, prout fieri conſuevit, & adderent nomine elemoſine pauperum i. ſeſtarium ſiliginis ipſa die; item, de voluntate ejuſdem Falconis, ordinatum fuit quod dominica in media XLᵃ (quadrageſima), dicta aniverſaria ſimiliter faciant conventui ſupradicto generalem libram & helemoſinam pauperibus, & augmentum etiam unius feſt. ſiliginis pro eodem : ipſo vero Falcone ſublato de medio, iftud ultimum aniverfarium fiet fingulis annis die obitus fui. Pro hiis autem faciendis, receperant aniverfaria feu procuratores eorum VII^{xx} libras, xx folid. minus. *(vº)*

QUOD NULLUS CLERICUS RECIPIATUR IN CHORO [1].

ANNO Domini Mº CCº XLVº, feria III. poft octabas Pentecoftes *(13 juin 1245)*, dominus Johannes archiepifcopus omnefque canonici in capitulo generali exiftentes, attendentes quod propter multitudinem clericorum aniverfaria ecclefie Viennenfis intolerabiliter gravarentur, ftatuerunt ut nullus clericus a primo fefto beati Johannis Baptifte ufque ad tres annos recipiatur in clericum chori, nifi per capitulum generale.

ITEM DUPPLICAVERUNT DONUM MARESCALCO.

Eodem anno & die, ad preces domⁱ Philippi electi Lugdunenfis, dupplicaverunt marefcalco redditum fuum, videlicet quod ficut habebat ab ecclefia Viennenfi II. feft. bladi, ita de cetero habeat IIIIᵒʳ feftaria.

ITEM STATUERUNT QUOD CAPITULUM FACERET P. LUPI ET B. CABISCOLO.

ANNO Domini Mº CCº XL. Vº, prima die martis *(1ᵉʳ mars 1246 n. ft.)*, in capitulo omnes canonici qui prefentes erant concefferunt & ordinaverunt, prefente domº Jo(hanne) archiepifcopo Viennenfi, quod capitulum faceret decetero fingulis annis P. Lupi & Berl(ioni) cabifcolo VI. lib. & XIIII. *(d)* fol. pro parte fua de Chufella, & dom. Ay. Pagani & Stephanus de Candiaco decetero faciant capitulo iftas VI. lib. & XIIII. fol. pro fupradicta parte eorum que habebant apud Chufella.

ITEM PRO UTILITATE CONFRATRIE STATUIMUS.

ANNO Domini Mº CCº XL. VI, die martis Pentecoftes *(29 mai 1246)*, domᵘˢ Jo(hannes) archiepifcopus totumque capitulum Viennenfe ordinaverunt & ftatuerunt pro utilitate confratrie, quod omnis clericus qui non habet

---

[1] Voir CHARVET, *Hift. de la fainte Églife de Vienne*, p. 393.

dominum & non folverit plenarie frum(entum) & d(enarios) qui debentur procuratoribus confratrie ufque ad octabas Pentecoftes, extunc extra chorum fit nec libram recipiet donec folverit; fi vero habet dominum & non folverit ufque ad octabas Pentecoftes, ex tunc dicti procuratores libram illius domini qui non folverit & libram aliorum clericorum quam recipit idem dominus plenarie tamdiu recipient, donec folutum fuerit ordinatio confratrie. — § Item ftatuerunt & ordinaverunt, quod nulli canonico vel familiari ejus, nulli clerico vel layco, nulli confratri nifi taliter infirmanti qui venire non poteft, decetero extra refectorium ante prandium, in prandio vel poft prandium aliquid de bonis confratrie detur vel mittatur, nifi pauperi-(f° iiij)bus quibus confuetum eft dari.

ITEM STATUTUM EST QUOD NULLUS CLERICUS RECIPIATUR IN CHORO NEQUE PER CAPITULUM NEQUE PER ALIUM.

A N N o Domini M° CC° XL. VI°, dom^{us} Jo(hannes) archiepifcopus & omnes canonici. in generali capitulo quod celebratur poft feftum beati Mauricii (24 feptembre 1246) exiftentes, ftatuerunt & promiferunt, fub virtute fidelitatis quam ecclefie fecerant, quod a proximo fefto Refurrectionis ufque ad annum nullus clericus recipiatur de novo in clericum chori Viennenfis; & hoc idem promifit B(erlio) cabifcolus, pro fe & magiftro Johanne, quod nullum in choro mittet.

QUOD NULLUS CLERICUS ASCENDAT CHORUM SUPERIOREM.

§ Item ftatuerunt & ordinaverunt, quod nullus fiat de cetero canonicus vel afcendat chorum fuperiorem, nifi (per) voluntates fingulorum inquifitas in plateis vel in domibus vel in ecclefia, fet qui prefentes erunt canonici infimul propter hoc conveniant & ordinent fuper hoc quod viderint ordinandum.

ITEM RENOVAVERUNT STATUTUM FACTUM DE CLERICO NON RECIPIENDO IN CHORO.

Anno & die fupradictis & loco, dom. Jo. archiepifcopus totumque capitulum Viennenfe ftatutum quod fecerant de clerico non recipiendo in coro Viennenſi renovaver-*(b)*unt, ita quod uſque ad proximum Paſcha nullus vel parvus vel magnus recipiatur in clericum Viennenſem de novo.

ITEM DE CENSIBUS.

§ Item ſtatuerunt & ordinaverunt, quod omnes cenſus capituli reddantur in craſtinum Omnium Sanctorum, alioquin non pulſetur ad horas ordinatas ; qui autem eodem die non ſolverit, eccleſiam noſtram & capitulum non intret, nec libram habeat nec in diviſione terrarum partem capiat, & libram cere ſingulis diebus quibus in ſolutione defecerit ſolvat : & hoc intelligimus de cenſibus debitis capitulo & aniverſariis & canonicis ad invicem ex collatione capituli, & a prima die in antea habeat ecclefia officium ſuum.

ITEM ORDINATUM FUIT QUOD JO. CHALVET HABERET D(ENARIOS) AQUISICIONUM.

ANNO Domini Mº CCº XL. VII, in vigilia ſancti Petri *(28 juin 1247)*, fuit ordinatum quod Jo. Chalvet d(enarios) adquiſicionum habeat & recipiat, & regat ad conſilium domᴵ B(erlionis) cabiſcoli ; & fuit ſumma quam recepit idem Jo. XIIII*ˣˣ* lib. & LII. ſol., computatis xxxᵗᵃ lib. quas debet dom. Arber(tus) de Fabricis & xxxv. lib. quas debet P. Menabos ; item debet capitulum IXˣˣ lib. quas expendit in Pupeto & Monte Salomonis. *(vº)*

DE PEDAGIO [1].

Item in eodem capitulo fuit ordinatum quod B. cabiſcolus haberet & reciperet cenſam pedagii a pedagiatoribus, donec ſolutus fuerit de VIIIˣˣ & x. lib. que debebantur ſibi pro refectoraria anni preteriti.

ITEM QUÓD IN CRASTINUM OMNIUM SANCTORUM NON PULSETUR AD HORAS CANONICAS. ! !

ANNO Domini Mº CCº XL. VIº *(leg.* VIIIº), in craſtinum beati Mauricii *(23 ſeptembre 1248)*, domᵘˢ Jo(hannes) archiepiſcopus totumque capitulum Viennenſe ſtatuerunt & ordinaverunt, quod decetero non pulſetur ad cano-

---

(1) En marge : *Temporale.*

nicas horas fingulis annis ab hora prima craftine diei fefti Omnium Sanctorum & deinceps, donec univerfi canonici & finguli folverint capitulo Viennenfi cenfam quam ei debent & cenfam quam unus alteri debet ex collatione ejufdem capituli; officium vero mortuorum fiat & ad illud pulfetur ficut confuevit fieri.

QUOD IN FESTIS SANCTORUM, VIDEL. Sᵗⁱ VINCENCII, Sᵗⁱ NICHOLAI & Sᵗᵉ KATHERINE DICANTUR R(ESPONSORIA).

ANNO Domini Mᵒ CCᵒ XL. IXᵒ, in capitulo generali quod celebratur in craftinum beati Mauricii *(23 feptembre 124),9* domᵘˢ Jo(hannes) archiepifcopus totumque capitulum ordinave-*(d)*runt & concefferunt, quod decetero in fefto beati Vincencii propria r(efponforia) dica(n)tur, & in fefto beate Katherine fimiliter, & in fefto beati Mauricii in vefperis profa que incipit *Sint lumbi veftri* & in revelatione ad miffam eadem profa dicatur; item ordinaverunt quod in IIIIᵒʳ feftis beate Virginis ad miffam *Gloria in excelfis* in quo cantatur *Spiritus & alme* & cetera & *Kyrieleyfon* decenti.

DE PROMISSIONE OPERIS [1].

ANNO Domini Mᵒ CCᵒ XL. IXᵒ, in craftinum Carniprivii veteris *(14 février 1250 n. ft.)*, in generali capitulo, domᵘˢ J(ohannes) archiepifcopus totumque capitulum Viennenfe ftatuerunt quod omnes illi qui non folverint ea que promiferunt operi ecclefie Viennenfis ufque ad mediam XLᵃᵐ, ex tunc chorum non intrent & etiam libram amittant donec folverint. — § Idem ftatuerunt de illis qui nondum promiferunt, nifi moniti promiferint & poft promiffionem ufque ad octo dies non folverint.

DE DECIMA PAPE.

§ Item ftatuerunt eandem penam contra illos concanonicos fuos, qui portionem illam que eos contingit vel continget pro decima feu vicefima quam petit dominus papa non folverint ufque ad eundem terminum refectorariis.   *(fᵒ v)*

(1) Voir CHARVET, *Hift.* etc., p. 395.

DE ORDINATIONE FESTI INNOCENTUM, UT FIERET IN MAJORI CHORO ECCLESIE S(ANCTI) MA(URICII).

ANNO Domini M° CC° L°, in craftinum beati Johannis Baptifte *(25 juin 1250)* dom^us Jo(hannes) archiepifcopus & alii canonici, in generali capitulo exiftentes, ordinaverunt & ftatuerunt quod de cetero fiat feftum Innocentum in majori choro, exclufis[1] larvis & aliis ludibriis clericorum & laycorum. — Et Johannes Chalvez libram ordinavit pro anima fratris fui Petri Chalvet diaconi, qui tali die fuit de vite medio evocatus.

DE S^to SILVESTRO ET Sta COLUMBA.

§ Item ordinaverunt, quod de cetero fiat feftum fancti Silveftri & fancte Columbe ix. lectionum.

DE TERCIA ET MERIDIE.

ANNO Domini M° CC° L°, in craftinum beati Mauricii *(23 feptemb. 1250)*, poft traditam cuftodiam caftri Pupeti dom° Arberto de Villa concanonico fuo, ftatuerunt quod decetero capellani qui faciunt feptimanas fuas ad majus altare cantent terciam & fextam & fcribatur in brevi, exceptis dom° archiepifcopo & canonicis.

DE OFFICIO INJUNCTO A MAGISTRO CHORI VEL CABISCOLO.

ANNO Domini M° CC° L° I°, in craftinum beati Johannis Baptifte *(25 juin 1251)*, ftatutum eft in ca-(b)pitulo generali quod quicumque canonicus, cappellanus vel clericus ecclefie Sancti Mauricii injunctum fibi officium ecclefie a magiftro chori vel a cabifcolo vel a brevi non fecerit vel dixerit per fe vel per alium, pro fingulis defectibus libram fuam ammittat, & fi fuerit commenfalis alicujus domini, non dominus ejus, fet idem canonicus vel clericus de proprio libram folvat.

QUOD NULLUS SINE CAPA INTRET CORUM.[2]

ANNO Domini M° CC° L. III°, in generali capitulo Omnium Sanctorum *(3 novembre 1253)*, ordinatum eft

---

(1) On a changé ce mot en *exceptis.*
(2) Fragm. dans CHARVET, *Hift.* etc., p. 28 *b.*

& ftatutum quod decetero in fefto Omnium Sanctorum ad matutinas & deinceps nullus clericus fuperioris chori vel inferioris intret chorum ecclefie Viennenfis nec interfit horis canonicis fine capa & fuperpellicio, cum alias poffet cum fuper(p)ellicio tantum, ufque ad feftum beati Martini.

ITEM QUOD CENSUS SOLVANTUR IN CRASTINUM OMNIUM SANCTORUM.

A n n o Domini M° CC° L° IIII°, in vigilia beati Nicholai *(5 décemb. 1254)*, dom^{us} Jo(hannes) archiepifcopus, Ph(ilippus) decanus totumque capitulum ecclefie Viennenfis ftatuerunt & ordinaverunt, quod cenfus qui habentur a capitulo Viennenfi feu debentur, decetero reddantur fingulis annis in craftinum Omnium Sanctorum : canonicus vero, fi negligens *(v°)* fuerit per viii° dies, chorum amittit donec folverit; & fi forte ufque ad quindenam Omnium Sanctorum non folverit, ex tunc libram fuam & clericorum fuorum amitit, elemofine pauperum applicanda(m).

DE ILLIS CANONICIS QUI NON SOLVUNT LIBRAS QUAS DEBENT.

A n n o Domini M° CC° LV°, in craftino beati Mauricii *(23 feptemb. 1255)*, dom^{us} Jo(hannes) archiepifcopus totumque capitulum Viennenfis ecclefie ftatuerunt, quod fi aliquis canonicus libram debitam aniverfariis non folverit feu non fecerit, libram fuam & clericorum fuorum fi eos habet amitit donec folverit, helemofine pauperum aplicandam.

ITEM RENOVATIO STATUTI.

§ Item, ftatutum antiquum innovantes, ftatuerunt quod fi aliquis clericus chori ecclefie Viennenfis (a)deo negligens extiterit quod non interfuerit alicui horarum in diebus duobus in choro, chorum amittit.

QUOD NULLUS CLERICUS UXORATUS RECIPIATUR IN CHORO.

A n n o Domini M° CC° LV°, xi. kalendas novembris *(22 octobre 1255)*, dom^{us} Jo(hannes) archiepifcopus totumque capitulum ecclefie Viennenfis, nolentes quod aliquis clericus uxoratus intret chorum ecclefie Viennenfis, magiftrum Petrum Lumbardi, quem conftat effe uxoratum, a confortio eorum removerunt, (d) precipientes ne ipfi decetero libra detur. Actum in veftiario, anno & die fupradictis.

DE SEPULTURA IIII^{or} CAPPELLANORUM MAJORIS ALTARIS.

ANNO Domini M° CC° LVI°, in capitulo generali quod celebratur confequenter poft feftum beati Johannis Baptifte (26 juin 1256), dom^{us} Jo(hannes) archiepifcopus totumque capitulum ftatuerunt, quod fingulis iiii^{or} capellanis [1] decidentibus exhibeatur decetero idem honor qui exibetur canonicis, tam in miffarum follempniis quam in crucibus & aliis.

QUOD LIBRA FIAT QUALIBET DIE ANTE PRANDIUM.

ANNO Domini M° CC° L. VII°, in craftinum beati Johannis Baptifte (25 juin 1257), capitulum fancte Viennenfis ecclefie ftatuit & ordinavit, quod decetero fingulis diebus dominicis & aliis diebus fiat libra per totum annum & reddatur libra ante prandium, ficut fieri confuevit : alioquin non pulfetur ad ix(^{nam}), prefente illo in civitate qui debet libram, donec incipiat librare; verumptamen in fine anni ceffabunt libre, nifi fuerint tot libre quot funt dies in anno.

ITEM ALIUD STATUTUM DE PROMISSIONE OPERIS.

ANNO Domini M° CC° L° IX, in craftinum beati Mauricii (23 feptemb. 1259), capitulum fancte Viennenfis ecclefie in capitulo generali ordina-(f° vj)vit, quod finguli canonici folvant operi ejufdem ecclefie ufque ad quindenam Omnium Sanctorum quod debent eidem operi : illi vero qui non folverint, ex tunc chorum non intrant donec folverint; fimiliter etiam eodem modo ordinatum eft de clericis, fi non folverint ufque ad quindenam fupradicti fefti Omnium Sanctorum chorum amittunt. An(felmus) facrifta & Arber(tus) cabifcolus collectam iftam debent levare & reddere operario & penam imponere non folventibus.

_____

(1) En marge : *Quaternarii.*

DE CLERICIS ASCENDENTIBUS IN SUPERIORI CHORO.

℈ Item ordinatum eſt, quod iiii^{or} diaconi & iii^{or} ſubdiaconi chorum aſcendant ſuperiorem, per dom^{um} archiepiſcopum, ſacriſtam & cabiſcolum nominati.

DE EMENDA FACTA DOM° R. CANTORI.

ANNO Domini M° CC° LX°, in craſtino beati Johannis
Baptiſte,(25 juin 1260), in capitulo generali ordinatum eſt quod dom^{us} R(aymundus) cantor habeat ſingulis
annis LX^a ſolid., donec capitulum ſibi aſſignaverit in terra
L^a ſol. pro emenda diviſionis terrarum domⁱ Drodonis ju-
nioris.

ITEM DE RETENTIS LIBRIS PER V° ANNOS.

℈ Anno & die ſupradictis, ordinatum (b) eſt & ſtatutum ,
quod ſingulis ſeptimanis ad reſtaurationem aniverſariorum
procuratores eorumdem retineant 1. libram quinquaginta
ſolid. uſque ad v° annos, & per dict. procuratores libre uſque ad Carniprivium vetus continuantur, & tunc dicti procuratores coram capitulo debita & gravamina aniverſariorum exponent; quibus expoſitis, non teneantur facere libras
donec dicta debita fuerint recuperata.

DE DOMIBUS DANDIS.

℈ Item, quod dicti procuratores habeant poteſtatem dandi
ad cenſam, ad 1. annum vel ad plures, domos aniversariorum ad tempus vel imperpetuum, ſicut eis videbitur expedire.

DE DOMO FABRI DE CUVERIA.

℈ Item ordinatum eſt, quod prefati procuratores habeant
poteſtatem vendendi domum in qua manebat Faber de Cu-
veria, juxta domum Seygnoreti del Molar.

QUOD OPUS RETINEAT LIBRAS.

℈ Item ſtatutum eſt & ordinatum, quod opus eccleſie
Viennenſis habeat & retineat uſque ad v° annos libras omnes quas faciebat ſingulis annis conventui eccleſie Viennenſis.

QUOD J. CHALVEZ ACCIPIAT DE DEN. ADQUISICIONUM.   (v°)

℈ Item ſtatutum eſt, quod Johannes Chalvez accipiat de

denariis adquiſicionum ad librandum, & poſtmodum pro-
curet bona fide quod eos reddat de fructibus eorum.

QUOD COMPUTETUR IN OCTABIS.

§ Item ordinatum eſt, quod procuratores aniverſariorum
in craſtino octabarum Paſche reddant compotum, & tunc
debet ordinare capitulum quod viderit ordinandum, ita quod
aniverſaria non graventur.

QUOD SALARIUM NON DETUR.

§ Item ordinatum eſt, quod procuratores aniverſariorum
hoc anno ſalarium aliquod non habeant.

QUOD GAGERIAS NON ACCIPIANT.

ANNO Domini Mº CCº LXº, in craſtinum Omnium Sanctorum *(2 novemb. 1260)*, in capitulo generali domᵘˢ
archiepiſcopus J(ohannes) totumque capitulum ecclefie
Viennenſis ſtatuerunt & ordinaverunt, quod decetero aniverſaria ſeu procuratores aniverſariorum ecclefie Viennenſis
gagerias non accipiant nec emptionem aliquam faciant, niſi
puram & ſine aliqua conditione, de denariis adquiſicionum.

DE ORDINATIONE PROCURATORUM.

ANNO Domini Mº CCº LXº Iº, in craſtino beati Johannis
Baptiſte *(25 juin 1261)*, ordinavit capitulum IIIIᵒʳ perſonas ad regen-*(d)*da aniverſaria, videl. Ademarum de Bau-
cio, Arbertum de Villa canonicum, Petrum de Riviria capellanum: primi duo regant bona aniverſariorum in mandamento de Septimo & verſus Burgondium, Turrim, villam de
Crimeu & in adjacentibus partibus; cabiſcolus vero & P. de
Riviria, a mendamento de Illino & de Marennes & de Pineto
& ultra Rodanum & Albam Ripam & inferius. — § Item
ordinavit capitulum magiſtrum P. Evrardi ad librandum.
QUOD ULLUS CANONICUS ACCIPIAT IN DIVISIONIBUS TERRARUM.
§ Item innovavit ſtatutum antiquum, quod nullus canonicus accipiat in diviſionibus terrarum, niſi debitam reſiden-
tiam fecerit antequam terre vaccent per annum & menſem.

QUOD DRUALIE NON DENTUR.

§ Item ordinatum eſt, quod decetero drualiæ non dentur

vel recipiantur pro negociis vel denariis aniverfariorum feu capitulum, & hoc juraverunt prefentes canonici.

QUOD DENARII NON DENTUR MUTUO. -

§ Item, quod denarii adquificionum decetero alicui mutuo non tradantur, nifi capitulo vel procuratoribus aniverfario-rum.

QUOD NULLUS CLERICUS ASCENDAT CHORUM SUPERIOREM.

ANNO Domini M° (CC°) LX. V°, in craftino Carniprivii veteris *(15 févr. 1266 n. ft.)*, in generali *(f° vij)* capitulo quod tunc fcelebratur in ecclefia Viennenfi, ftatutum fuit a dicto capitulo quod nemo decetero mittatur in choro majori nifi fuerit primo conftitutus in facris, & hoc de clericis & canonicis eft ftatutum.

QUOD DOM. SACRISTA TENEATUR PULSARE MAJOREM CAMPANAM OMNIBUS FESTIS QUIBUS CAPUD...[1].

ANNO Domini M° CC° LX° VIII°, in craftinum beati Johannis Baptifte *(25 juin 1268)*, in capitulo generali quod tunc celebratur in ecclefia Viennenfi, cum difcordia verteretur inter capitulum ex una parte & A(nfelmum) facriftam ex altera, fuper eo quod capitulum dicebat quod dict. facrifta tenebatur pulfare majorem campanam, dicto facrifta econtrario dicente quod non tenebatur dict. campanam pulfare, cum dicta facriftia propter hoc nimis effet honerata; tandem compromiffum fuit in venerabilem patrem dominum G(uidonem) archiepifcopum Viennenfem, Hu(mbertum) decanum, Hug(onem) fenecalcum Lugdu-nenfem, G. de Poipia precentorem Lugdunenfem, qui omnes ordinaverunt de confenfu parcium quod dict. facrifta faciat pulfare dict. campanam omnibus diebus quibus capud fancti Mauricii erit fuper altare, & in obitu & aniver-farii(s) archiepifcopi Viennenfis & epifcoporum qui aniver-faria relinquerunt ecclefie Viennenfi, & in obitu & in *(b)* aniverfariis canonicorum Viennenfium : retinentes dicti ar-

---

(1) Voir CHARVET, *Hift.*, p. 405.

bitri poteftatem declarandi, interpretandi de confenfu dicti capituli & facrifte, fi quid dubium vel obfcurum emergeret in premiffis.

Quod non cessetur pro debitis recuperandis vel libris, nisi ab una hora tercia usque ad aliam terciam.

Anno Domini M° CC° LX° VIII°, in capitulo generali in craftinum Omnium Sanctorum *(2 novemb. 1268)*, ftatuerunt Huber(tus) decanus & dict. capitulum quod quicumque canonicus debeat cenfus aniverfariis vel capitulo & non folverit termino conftituto quo debent folvi dicti cenfus, ab illo die in antea ceffetur ab una tercia in aliam, & nichilominus folvat 1. meit. filiginis pro qualibet die qua non folverit dicto capitulo vel aniverfariis, nec ex tunc recipiatur in choro vel capitulo nec in divifionibus terrarum, nec libram (percipiat) quoufque debitum & penam folverit plenarie fupradictam: & non debet ceffari nifi ab una tercia ufque in aliam, five prefens fuerit five non.

Quod nullus clericus mittatur in ecclesia infra III. annos.

Anno Domini M° CC° LXIX°, die martis poft XV^am beati Johannis Baptifte *(9 juillet 1269)*, dom^us G(uido) archiepifcopus in capitulo exiftens & totum *(v°)* capitulum Viennenfe ftatuerunt, quod nullus clericus vel clericulus mittatur in ecclefia Viennenfi ufque ad III. annos, nifi fuerit grandis perfona vel nepos canonici.

Quod duo cericuli dicant...

§ Item eodem anno & die, ordinatum eft quod duo clericuli diebus feftivis dupplicibus dicant primum refponfum in majori choro.

Quod cape reddantur.

§ Item ordinatum eft eodem die & anno, quod A(nfelmus) facrifta & B. Conyngdos canonicus recuperent capas debitas a canonicis, facerdotibus, diaconis & aliis clericis, & habeant poteftatem compellendi, & quod folvant dict. capas ufque ad feftum beati Johannis Baptifte: alioquin folvant canonici x. lib., capellani vii. lib., & diaconi c. fol. & advocati vii. lib.

De ordinatione canonicorum.

§ Item eodem anno & die, ordinatum eſt a dom° G. archiepiſcopo & capitulo quod in octabis feſti Omnium Sanctorum proximo venientis fiat ordinatio canonicorum, & illam
diem aſſignant dict. capitulum ad hoc ſolummodo faciendum & tractandum & non alia.

De statuti renovatione facta pro clericis.

§ Item ſtatuerunt dict. capitulum quod antiqua inſtitutio
facta a dicto capitulo, quod *(d)* clericus qui non fuerit per
duos dies in eccleſiam ad 1. horam amittat chorum & libram
& non poſſit reconciliari niſi per capitulum: una hora intelligitur matutine cum prima, ſecunda hora tercia, miſſa
& meridies, alia hora nona cum veſperis & completorio,
duo dies continui de IX.em lectionibus computantur pro
uno.

Quod in festo anni novi sit capud super altare.

Item, eodem anno & die ſabbati in craſtinum Omnium
Sanctorum *(2 novemb. 1269)*, G(uido) Viennenſis archiepiſcopus & capitulum Viennenſe ſtatuerunt, quod capud
beati Mauricii ponatur ſuper altare in Circumciſſione Domini, licet baculum non capiatur, & quod ſacriſta faciat
officium ſuum fieri, ſicut debet tali feſto facere & illumi-
nare.

Item alia emenda facta dom. R. cantori.

Anno Domini M° CC° LXIIII°, die craſtina Carniprivii
veteris *(23 février 1265 n. ſt.)*, in generali capitulo,
preſente dom° J(ohanne) archiepiſcopo Viennenſi, ſtatutum
& ordinatum eſt a dictis capitulo & dom° archiepiſcopo,
quod R. Franciſci cantor habeat L. ſol. annuos, pro emenda
terrarum Huber. de Caſtaneto, & Lª alios ſol., pro emenda
diviſionis terrarum Lamtelmi de Chinnins, quondam canonicorum Viennenſium, ſibi annuatim perſolvendos tempore
conſueto tam-*(f° viij)* diu a capitulo ſupradicto donec ſibi alibi
fuerint in terra aſſignati a capitulo Viennenſi.

QUOD BENEFICIA NON CONFERANTUR NISI ILLIS QUI RESIDENTIAM FECERINT.

In nomine Domini noftri Jhefu Xpifti, amen. Anno Incarnationis ejufdem M°. CC°. XXI°, menfe novembris *(novemb. 1221)*, domnus Jo(hannes) archiepifcopus & canonici Viennenfis ecclefie in generali capitulo exiftentes, ad honorem & utilitatem ipfius ecclefie ftatuerunt, ut nulli deinceps nifi refidentiam in ecclefia facienti ipfius ecclefie beneficia conferantur: refidens eft qui tenet continue per totum annum, five prefens five non, duos clericos ad minus fervientes ecclefie. Ad hoc tenetur quicumque de beneficiis ecclefie habet aut poterit habere decetero annue decem libre: quod fi non fecerit, nichil percipiet de donis ecclefie. De hiis vero qui non habent annue x libre de beneficiis ecclefie, refidens eft qui per medium annum five continue five interpalate, quod ejus facramento fi queftio fit declaretur, prefens fuerit deferviens ecclefie vel potens defervire. Quicumque de divifione terrarum percipere voluerit, neceffarium eft quod predictam refidentiam antequam terre vaccent incipiat, & quod refidere velit coram decano proteftetur, vel coram cantore & du-*(b)*obus canonicis a cantore ad hoc vocatis decano abfente. De refidentibus quicumque de licencia capituli ad fcolas proficifci voluerit, dum ibidem fuerit pro refidenti habebitur quantum ad divifiones terrarum: qui vero theologiam audierit plene de omnibus, tam de libra quam de aliis, quafi refidens percipiet. Infirmitas nota & peregrinatio de licencia capituli retinet fi erat prius refidens refidentem; item focietas prefulis. Illi qui jam beneficiati funt in ecclefia, non excufantur ab onere feptimanarum, licet decetero non fuerint refidentes. Refidentia a fefto Omnium Sanctorum proximo computatur. Capitulum femper emendare poterit quod ei placuerit. (CHARVET, *p. 386)*.

QUOD NULLUS CANONICUS ACCIPIAT IN DIVISIONIBUS TERRARUM NISI...

Anno Domini M° CC° XL° IX, in craftinum Circumcifionis *(2 janv. 1250 n. ft.)*, dom^{us} J(ohannes) archie-

pifcopus & canonici Viennenfis ecclefie ftatuerunt in capitulo
exiftentes, quod nullus canonicus in divifione terrarum vac-
cantium accipiat decetero, nifi refidentiam fuam duorum clericorum inceperit ante per menfem quam terre vaccent. *(v°)*

STATUTUM QUOD CONVIVIA CONVERTANTUR IN ARMATURIS[1].

ANNO Domini M° CC° LXIX°, in craftinum beati Mauricii *(23 feptemb. 1269)*, in capitulo generali quod
tunc celebratur, dom. Guido archiepifcopus & totum capitulum ftatuerunt quod cum effet confuetudo antiqua
longius temporibus obfervata in ecclefia Viennenfi, quod
quicumque introducebatur de novo clericus faciebat omnibus
clericis unum convivium ufque ad fummam XL. folid. & amplius, & hec expenfe convertebantur in rebus nugatoriis nec re-
dundabant in utilitatem ecclefie; unde voluerunt dicti dom.
archiepifcopus & capitulum & etiam ftatuerunt, quod quicumque amodo introductus fuerit, fi eft parvus clericus folvit
unum obergot, & fi eft magnus ita quod fit formarius
unum godoberc : fi vero aliquis canonicus creetur de novo,
tunc debet folvere unum oberc & caligas ferreas & coper-
torias ferreas, loco convivii quod folebant facere canonici
quando de *(d)* novo in ecclefia Viennenfi creabantur, quibus
foluti funt canonici, clerici & clericuli a conviviis liberati;
fimiliter fi aliquis facerdos de novo introducatur, debet
folvere unum obergot. Et cuftodiam iftarum armaturarum
habeant refectorarii, fet non habeant poteftatem alienandi
vel etiam pignorandi.

STATUTUM QUOD NULLUS CAPELLANUS VEL CLERICUS SIT
VICARIUS IN ALIAM ECCLESIAM[2].

ANNO Domini M° CC° LXX°, in craftinum beati Johannis
Baptifte *(25 juin 1270)*, in capitulo generali quod tunc
celebratur, ftatuerunt dom[us] Guido archiepifcopus & capitulum Viennenfe quod nullus capellanus vel clericus ejufdem
ecclefie Viennenfis poffit effe vicarius in aliqua ecclefia infra

(1) Voir LE LIÈVRE, *Hift. de la fainfteté*, &c., p. 377, & CHARV_T, *Hift.*, p. 406.
(2) Voir CHARVET, *Hift.*, p. 406.

civitatem Vienne, excepta domo Helemofine Sancti Pauli,
fpectante ad dict. capitulum; & fi aliquis capellanus vel clericus vicariam tenere voluerit nec ad monitionem decani feu
locum ejufdem tenentis vel refectoriorum poft octo dies defif-
tere noluerit, libram fuam amittat & ab ecclefia quam diu
in hoc perfeveraverit fit remotus. (CHARVET, *p. 406). (f° ix)*

STATUTUM QUOD NULLUS CANONICUS SIVE CLERICUS ASCENDAT
CHORUM MAJOREM NISI FUERIT IN SACRIS ORDINIBUS
CONSTITUTUS.

ANNO Domini M° CC° LXX°, in craftinum Carniprivii
veteris *(23 févr. 1271 n. ft.)*, dom^{us} G(uido) Viennenfis archiepifcopus & totum capitulum ftatuerunt quod
nullus canonicus five clericus afcendat chorum majorem,
nifi fuerit in facris ordinibus conftitutus; & hoc juravit
totum capitulum fervare, nifi totum capitulum aliter ordi-
naret.

ANNO Domini M° CC° LXX° primo, die lune poft Carniprivium veteris *(14 mars 1272 n. st.)*, in capitulo
generali quod tunc celebratur in ecclefia Viennenfi, ftatutum
eft a dom° G(uidone) archiepifcopo & capitulo Viennenfi, quod
a fefto beati Johannis Baptifte proximo venienti ufque ad
duos annos continue numerandos, nullus clericus ponatur
in ecclefia Viennenfi, excepto quod cabicolus & magifter
poffint ponere VI. clericulos ydoneos in choro : capitulum
vero fibi retinuit poteftatem de ponendis VI clericos in ecclefia,
& in hiis VI. debent concordare omnes refidentes.   *(b)*

ANNO Domini M° CC° LXX° fecundo, die lune in fefto
beati Ambrofii *(4 avril 1272)*, conftitutum eft a dom°
G(uidone) archiepifcopo Viennenfi & capitulo ejufdem loci
quod decetero nulli laico vel clerico, nifi fit de collegio
ecclefie Viennenfis, concedatur libra aliqua in dicta ecclefia
Viennenfi, exceptis magnis caftellanis & baronibus quibus
poffunt libram dare, fi dicto capitulo viderint expedire :
& hoc promiferunt dicti dom. archiepifcopus & capitulum
fervare perpetua firmitate.

Anno eodem, die fupradicto, conftitutum eft a dicto dom° G. Viennenfi archiepifcopo & capitulum Viennenfi, quod nullus canonicus vel clericus five facerdos eat per clauftrum vel per civitatem fine abitu confueto a prima die Pafche in antea; quod fi aliquis in hoc culpa(bi)lis inventus fuerit a dicto termino in antea, clericus de majori choro in formarium revertatur & de libra & de loco, formerius fimiliter, canonicus libram fuam admittat illa die. Abitum confuetum vocat dict. capitulum capam five mantellum. *(v°)*

In nomine Domini noftri Jhefu Xpifti, amen. Nos G(uido) Dei gracia fancte Viennenfis ecclefie archiepifcopus totum- que capitulum ejufdem ecclefie, notum facimus univerfis prefentes litteras infpecturis, quod cum ecclefia noftra Viennenfis debito canonicorum obfequio fit adeo defolata, quod ob hoc cultus divinus minoratur, qui deberet auger pocius quam eciam minorari; Nos ad creacionem & ordi- nacionem canonicorum in noftra ecclefia volentes procedere, habito fuper hoc diligenti tractatu inter nos communiter, de comuni confenfu & unanimi voluntate omnium canoni- corum in dicto capitulo exiftencium, die affignata ad crean- dum canonicos, videl. die fabbati in craftinum beati Johan- nis Baptifte, cum continuatione dierum fubfequencium quo- quot effent neceffarii ad prefens negocium confumandum, die martis in vigilia beatorum apoftolorum Petri & Pauli *(25-8 juin 1272)* continuata cum precedentibus diebus — continuatis a predicta die fabbati ufque ad predict. diem mar- tis; Nos fupradicti archiepifcopus & capitulum in noftro capitulo pro creandis canonicis congregati, tales creamus & eligimus comuni confenfu in canonicos & in fratres, ita tamen quod quilibet in creacione fua teneatur jurare quod ad ordines fibi inpofitos ftatutis temporibus, quando volue- rit uti jure canonie, fe faciat promoveri & nullus poffit afcendere chorum majorem quoufque ordinem fibi inpo- fitum fufceperit, nec vocem *(d)* habere in capitulo nec in

divifionibus terrarum accipere, & quod nullus poffit inpe-
trare graciam a capitulo vel a papa, & iftud intelligitur
etiam de omnibus qui funt fuper chorum majorem[1].

Ifti octo primi debent effe presbiteri: Petrus de Loras
presbiter, Albertus Coindos presb., Guillelmus de Balma
presb., Antelmus Falaveuz presb., Albertus Lumbarz
presb., cum habebit etatem & tres annos abftineat a jure
canonie, Hugo Recoinz presb., Humbertus d'Ays capellanus, Bofo Poutrens capellanus.

Hii funt diaconi: Guillelmus de Rochifort diaconus, P.
de Briort diac., Falco Orfeuz diac., Poncius de Lignon
diac., Antelmus d'Ay diac., Guillelmus de Sayfuel diac.,
Girardus Coindos diac., Johannes Sechauz diac., Georgius
diaconus.

Ifti funt fubdiaconi: Guido de Bello Vifu, Simonz de
Payrin, Aynardus de Moyrenco, Guigo de Jareis, Sibou-
dus Rovoyri, Humbertus de Vireu, Petrus de la Borgia,
Guigo Refmetainz & debet effe canonicus ufque ad tres
annos, Aymo de Fabricis & debet effe canonicus ufque
ad duos annos, Petrus Athenulphi, Rodulphus Cros,
Petrus Bovardi, Guillelmus de Bello Vifu & debet effe
canonicus ufque ad quinque annos, Poncius Paians, Odo
de Monte Canuto, Drodo de Sancto Romano, Hugo de
Peladru, Jacobus de Candiaco.

Acta funt hec die predicta, anno Domini M° LXX°
fecundo.   *(f° x)*

STATUTUM QUOD IN FESTO BEATI MAURICII DICATUR CREDO ET
IN FESTO OMNIUM SANCTORUM PROSA.

ANNO Domini M° CC° LXX° V°, die fabbati in craftinum
Omnium Sanctorum *(2 novemb. 1275)*, ordinatum eft
a dom° Joffredo decano & capitulo Viennenfi quod *Credo*
dicatur in fefto beati Mauricii & quod in fefto Omnium
Sanctorum dicatur profa que dicitur *Superne matris gau-
dia.*

(1) Texte dans LE LIÈVRE, *Hift.*, p. 380-1; analyfe dans CHARVET, *Hift.*, p.
407-8; cf. BRÉQUIGNY, *Table*, t. VII, p. 46.

DE PROCURATORIBUS ANNIVERSARIORUM.

Eodem anno & die (ftatutum eft) per dictos decanum & capitulum quod quolibet anno ponantur procuratores anniverfariorum in fefto beati Johannis Bapt., & dicti procuratores pofiti in dicto fefto cenfus bladorum recolligant & vendas & alia ufagia dict. anniverfariorum ufque ad feftum beati Jo. Baptifte, & incipiant librare in craftinum Omnium Sanctorum, & teneantur librare ufque ad aliud feftum Omnium Sanctorum & tunc teneantur reddere computum de redditibus anniverfariorum & expenfis.

DE PONENDO IN ECCLESIA VIENNENSI DIACONOS INCURATOS ET
SENES CLERICOS.   (b)

Anno Domini M° CC° LXX. VI°, die veneris poft feftum beati Johannis Baptifte *(26 juin 1276)*, in capitulo generali dom^us G(uido) archiepifcopus & capitulum Viennenfe ex una parte, & dom. Joffredus de Claromonte decanus ex altera compromiferunt fe fuper difcordiis feu querelis quas habebant ad invicem, de ponendis in ecclefia Viennenfi diaconos incuratos & fenes clericos paratos afcendere chorum majorem, de quibus dicebat dict. decanus fe effe in poffeffionem ponendi in dicta ecclefia, in dom. Odonem de Monte Canuto, Hu. de Sayfuel chabifcolum & P. de Briort canonicum datos a dict. partibus arbitros albitratores feu amicabiles compofitores: dicti fiquidem arbitri feu albitratores dati a fupradict. partibus primo pronunciant fuper eo quod dictus decanus dicebat quod ipfe erat in poffeffione ponendi & in choro Viennenfi diaconos incuratos feu clericos fenes paratos afcendere chorum majorem, dicto dom. archiepifcopo & capitulo econtrario *(v°)* dicente; tandem dicte queftiones taliter funt fopite, videl. quod dicti clerici pofiti per ipfum remaneant in dicta ecclefia ob gratiam ipfius dom^i decani, ita (quod) per hoc nullum jus aquiratur decano nec prejudicium capitulo generetur; dicunt etiam & promittunt quod dict. decanus tempore fuo non poffit in ecclefia

Viennenfi ponere incuratos diaconos feu fenes clericos paratos afcendere chorum majorem , predicto capitulo gratiam
faciendo, ita tamen quod fucceffori fuo nullum prejudicium
generetur; retinentes fibi poteftatem interpretandi, declarandi fuper premiffis : fi fuper fcripto hujufmodi queftio
oriretur de fenibus, interpretatur quod clericus qui habeat
L. annos fupra non poteft ponere eum dict. decanus [1]; fi
vero dubitaretur de tempore, credendum eft illi clerico juramento ipfius cum duobus fequacibus.

STATUTUM QUOD CAPUD BEATI MAURICII DEFERATUR IN PRO-CESSIONEM FESTI EJUSDEM.

Anno eodem, in craftinum fefti beati Mauricii *(23 fep-temb. 1276)*, ftatuerunt *(b)* dom. G(uido) archiepifcopus & dom. Joffredus decanus totumque capitulum , quod
capud beati Mauricii deferatur per duos canonicos in pro-
ceffionem dicti fefti & quod dicti canonici non poffint fe excu-
fari, cum injunctum eis fuerit, quin ipfum non deferant.

QUOD DUO FORMARII FACIANT CANTORIAM.

Item ftatuerunt predicti archiepifcopus, decanus & capitulum, quod duo formarii faciant cantoriam omnibus diebus feftivis novem lectionum de mandato magiftri chori.

STATUTUM QUOD UNUS DE MAIORI CHORO DICAT ALLELUIA CUM EBDOMADARIO.

Item, in craftinum Omnium Sanctorum *(2 novemb. 1276)*, ftatutum eft a dicto capitulo, quod in omnibus
feftis novem lectionum dicat unus de majori choro cum
cantore qui facit ebdomadam *Alleluia*, de mandato formarii
qui facit cantoriam, & debet effe dict. clericus de illo choro
in quo non eft ebdomadarius.

STATUTUM QUOD FESTUM BEATI JOHANNIS BAPT. FIAT IN MAJORI CHORO[2]. *(fo xj)*

Anno Domini Mo CCo LXXVIIo, die veneris in crafti-num beati Johannis Baptifte *(25 juin 1277)*, ftatuerunt

---

(1) Note marginale : *Clericus quinquaginta annorum non debet recipi in ecclefia.*
(2) Voir CHARVET, *Hift.*, p. 406.

dom. G(uido) archiepiſcopus, G(aufredus) decanus totumque capitulum quod feſtum Johannis Baptiſte fiat in majori
choro, & quod caput beati Mauricii ponatur in paramento,
& quod miſſa que cantabatur poſt primam ad majus altare
cantetur in capella beati Johannis, & quod proceſſio fiat in
capis dicta die uſque a dict. capellam, & reſponſum quod
dicitur *Inter natos* cantetur ante dict. capellam & in introitu
chori cantetur reſponſum quod dicitur *Vir inclitus.*

STATUTUM QUOD OCTABE FIANT BEATI JOHANNIS BAPT. ET BEATI
LAURENCII.

Item ſtatutum eſt dicta die, quod octabe fiant beati Johannis Baptiſte & beati Laurencii, niſi proprium officium
evenerit propter quod debent remanere dicte octabe.

QUOD MAGNA CAMPANA PULSETUR IN PROCESSIONE IN FESTO
MORTUORUM.

Item ordinatum eſt dicta die & anno, quod magna campana pulſetur in proceſſione in feſto Mortuorum. *(b)*

STATUTUM QUOD A FESTO OMNIUM SANCTORUM PROXIMO
VENIENTI USQUE AD TRES ANNOS NULLUS CLERICUS INTRO-
DUCATUR DE NOVO.

ANNO eodem, die jovis poſt feſtum beati Mauricii *(23
ſeptemb. 1277),* dom^us G(uido) archiepiſcopus & G(aufredus) decanus totumque capitulum Viennenſe ſtatuerunt,
quod a feſto Omnium Sanctorum proximo venienti uſque ad
tres annos continue numerandos nullus clericus introducatur de novo in ecclesia Viennenſi per decanum neque per
cabiſcolum neque per magiſtrum, excepto quod dict. decanus poſſit ponere infra dict. tempus VI. clericos, cabiſcolus
vero poſſit ponere ſex clericulos.

QUOD CAPITULUM NON POSSIT PONERE IN SUPERIORI CHORO
CAPELLANUM NEQUE CLERICUM.

Item ſtatuerunt dicta die ſupradicti archiepiſcopus, decanus & capitulum, quod dict. capitulum nullum poſſit ponere capellanum neque clericum, & quod non poſſint dare
libram canonici alicui clerico nec ponere in choro ſuperiori,
exceptis clericis qui ordinarentur in presbiteros.

Item ordinatum eft dicta die & anno, quod cum fit antiqua confuetudo in ecclefia Viennenfi quod clerici qui de novo introducuntur in choro faciant unum prandium in mane aliis clericis, dict. capitulum dict. confuetudinem aliter ordinavit quod quando clerici introducentur a modo in dicta ecclefia, quod dict. clericus pro dicto convivio folvat cabifcolo & magiftro chori XL. fol. infra menfem poftquam introductus fuerit in dicta ecclefia; fi vero dict. clericus qui de novo introducitur receptus fuerit canonicus, ille qui talis eft folvat & tradat dict. cabifcolo & magiftro LX. fol.: quam pecuniam volunt dict. capitulum & archiepifcopus & decanus quod expendatur in honorem & utilitatem ecclefie Viennenfis. (v°)

STATUTUM DE ORDINATIONE ALTARIUM.

Item ftatuerunt dicta die fupradicti, quod ordinatio altarium fpectet hac vice ad dom. Ray(mundum) cantorem, Humbertum cabifcolum & Bofonem Poutrenc, & ille capellanus qui defecerit in ordinatione dict. canonicorum illa die amittat libram feu libras debitas nifi celebraverit tempore affignato & hora determinata, & ordinatores faciant fcribere ante altare qua hora debeat dict. capellanus celebrare.

Item ordinaverunt fupradicti archiepifcopus, decanus & capitulum, quod Hu. de Vireu archidiaconus, Hu. cabifcolus & Petrus de la Borgia poffint aceffare omnes redditus anniverfariorum uni perfone feu pluribus a fefto beati Johannis proximo venienti ufque ad tres annos continue numerandos, & nifi aceffaverint ufque ad feftum beati Johannis, ab illo termino in antea non (d) habent poteftatem aliqua aceffandi.

STATUTUM DE CLERICIS QUI HABENT ALTARIA INFRA ECCLESIAM.

Item ftatuerunt dicta die fupradicti, fondacioni & ftatutis antiquis inherendo, quod omnes clerici qui habent altaria in ecclefia Viennenfi fint capellani infra annum, alioquin dicta altaria vaccent & aliis conferantur.

DE ORDINATIONE ALTARIUM PREDICTORUM.

Item ftatuerunt fupradicti, quod quocienfcumque ex

nunc in antea conferetur alicui, aliquot altare predictorum, quod ipfe teneatur jurare in receptione altaris quod ipfe recipiet ordines facerdocii infra annum, alioquin non valeat collatio nifi predicta juraverit & ordines fufceperit, & illud idem intelligitur de tribus capellis feu capellanis extra ecclefiam.

DE ORDINATIONE CASTRI.

Anno eodem, die mercurii poft feftum Omnium Sanctorum *(3 novemb. 1277)*, in capitulo generali ftatuerunt dom^{us} G(uido) archiepifcopus, G(aufredus) decanus & totum capitulum, quod in capitulo quod erit in craftinum Car-*(fo xij)*niprivii veteris antequam ad aliud procedatur, ordinetur de cuftodia caftri Pupeti.

CONTINUATIO ORDINANDI DE CASTRO PUPETI.

§ Anno eodem, die lune poft Carniprivium vetus *(7 mars 1278 n. ft.)*, continuatum eft dict. capitulum a dom° G. archiepifcopo, G. decano & capitulo ufque ad diem martis fequentis, quantum ad cuftodiam caftri Pupeti; item dederunt poteftatem ponendi caftellanum dom. Odoni facrifte, P. Bovardi, G. Coyndo & B. de Chignins, & dicti quatuor debent & poffunt ordinare de cuftodia dicti caftri & durat eorundem poteftas ufque ad confummationem vefperarum & dicti quatuor poffunt eligere unum de fe ipfis.

₴ Anno eodem, die martis fequenti *(8 mars)* continuatum eft dict. capitulum a dict. dom° G. archiepifcopo, G. decano & capitulo ufque ad diem mercurii fequentis, quantum ad cuftodiam dicti caftri. (b)

Anno eodem, die mercurii poft Carniprivium vetus *(9 mars)*, continuatum eft dict. capitulum a dict. dom° G. archiepifcopo, G. decano & capitulo, quantum ad cuftodiam dicti caftri ufque ad diem jovis fequentem.

§ Anno eodem, die jovis fequenti *(10 mars)*, ad quam diem dict. capitulum erat continuatum quantum ad cuftodiam dicti caftri Pupeti, dederunt poteftatem dom° G. archiepifcopo & G. decano, qui debent ibi ponere caftellanum de refidentibus canonicis.

Anno eodem, die jovis predicta ordinatum est a dom° G. archiepiscopo, G. decano & capitulo Viennensi, quod ille qui tenebit Pupetum debet ibi tenere decem clientes competentes & sine suspitione & quinque gaytas & unum janitorem, qui omnes predicti in introitu dicti castri debent jurare & fidelitatem promittere refectorariis, quod legitime dict. *(v°)* castrum custodient ad utilitatem capituli Viennensis ecclesie contra quascumque personas & singulas, & quicquid de castellano dicti castri contigeret morte, prisione sive captione sive dicto castellano erga dict. capitulum infideliter se gerente, quod dict. castrum restituent refectorariis seu refectorario seu persone electe a dicto toto capitulo ; quorum clientum viii. debent esse presentes semper de die & de nocte omnes, & refectorarius seu refectorarii debent seu illi qui missi fuerint ad hoc a residentibus examinare in principio quando ponentur dicti clientes & gayte quociens voluerint, & quocienscumque aliquem invenerint minus sufficientem sive ydoneum in dicto castro ipsos seu ipsum possunt repellere seu removere: dictus vero castellanus debet jurare quod dict. castrum fideliter custodiet & legaliter ad opus predicti capituli, & quod in dicto *(d)* castro non reducet aliquos vel aliquem per quem vel per quos posset capitulum guerram habere vel dampnum recipere, nisi de voluntate capituli predicti; item debet jurare quod decem clientes competentes non suspectos teneat in dicto castro & v. gaytas & unum janitorem; predicti debent facere fidelitatem & juramentum refectorario seu refectorariis, qui refectorarius seu refectorarii possunt ipsos repellere si ydonei non fuerint ad predicta vel si in aliquo haberentur suspecti.

DE ORDINATIONE CASTRI.

Item ordinatum est a dicto capitulo, quod in capitulo quod celebratur in crastinum Carniprivii veteris ordinetur de custodia dicti castri, & quod dict. castellanus debet ad dict. capitulum aportare claves Pupeti in dicto capitulo & statim presentare; & tunc ordinetur primo de custodia dicti castri antequam ad aliud procedatur, ille vero cui dicta custo-*(f° xiij)*dia commitetur debet dict. castrum recipere a castellano qui tunc tenebit illud in festo beati Michaelis proximo subsequenti.

§ Item ordinatum est eodem anno & die, quod dict. castellanus omnes canonicos, clericos & eorum familiam tenetur reducere, videl. eorum personas, in suis necessitatibus ad sui juris defensionem cum ipsorum expensis propriis.

℥ Item ordinatum est a dicto capitulo quod dict. castellanus habeat VIˣˣ libras, de quibus debet habere LX.libras in festo beati Juliani & LX. lib. in quindena beati Andree.

℥ Item ordinatum est quod ille qui habebit dict. castrum non potest ipsum tenere nisi per unum annum.

STATUTUM QUOD NULLUS CLERICUS PONATUR IN ECCLESIA USQUE DUM LIBRA ATTENUATA SIT.

ANNO eodem, die sabbati in crastinum beati Johannis Baptiste *(25 juin 1278)*, continuatum est capitulum usque ad diem martis in vigilia beati Petri *(b)* ad tractandum de faciendo statutum quod dom. decanus, cabiscolus & magister non possint ponere aliquem clericum in ecclesia quousque libra in tantum fuerit attenuata quod libretur singulis diebus pro LX. sol.

DE DANDA PACE IN CHORO.

§ Item ordinatum est a dicto capitulo dicta die, quod pax detur in choro in qualibet missa magna.

§ Item dederunt Raynaldo Malgiron auditorem dom. Petrum Bovardi & G. de Balma.

STATUTUM QUOD QUALIBET DIE INDUATUR UNUS CLERICULUS AD PROCESSIONEM.

§ Item statuerunt quod unus clericus de majoribus induatur qualibet die ad processionem de mortuis in alba & remaneat ad magnam missam indutus & ibi deserviat in alba.

QUOD CAPUD BEATI MAURICII PONATUR IN PARAMENTO IN VIGILIA BEATI JOHANNIS BAPT.

§ Item ordinatum est a dicto capitulo, quod capud beati

Mauricii ponatur in paramento in vigilia beati Jo. Baptiſte in prima pulſatione veſperarum.   (vo)

STATUTUM DE ATENUATIONE LIBRATIONUM.

Item, die martis in vigilia beati Petri *(28 juin 1278)*, ad quam diem continuatum erit capitulum ad tractandum ſuper atenuatione librationum , ſtatutum eſt a dom° G. de Claromonte decano & capitulo, quod ſtatutum quod factum fuerat quod nullus clericus introducatur in eccleſia Viennenſi a feſto Omnium Sanctorum nuper tranſacto uſque ad tres annos continue numerandos prolongetur amplius uſque per unum annum , ita quod nullus introducatur in dicta eccleſia a feſto Omnium Sanctorum proximo venienti uſque ad tres annos continue numerandos.

EODEM anno, die veneris poſt feſtum beati Mauricii *(23 ſeptemb. 1278)*, in capitulo generali ſtatuerunt dom⁰ˢ G(uido) archiepiſcopus , G(aufredus) decanus & totum capitulum quod reſponſoria beati Mauricii nova dicantur in revelatione beati Mauricii annis ſingulis, ſi tamen viſum fuerit dom° precentori, *(d)* Hu(mberto) cabiſcolo & P. de Marjays.

STATUTUM...

ANNO Domini M° CC° LXX VIII, die lune in craſtinum Carniprivii veteris *(20 février 1279 n. ſt.)* , dom. Gaufredus de Claromonte decanus totumque capitulum Viennenſe, in capitulo generali exiſtentes , ſtatuerunt quod omnes refuſiones ſive torne quas ſibi ad invicem faciebant omnes canonici & clerici eccleſie Viennenſis vel que a predictis fiebant capitulo Viennenſi , item omnes cenſus qui debebantur a predict. canonicis & clericis dicto capitulo, ſolvantur anno quolibet ex nunc in antea refectorariis Viennenſibus qui pro tempore fuerint, die dominica proxima poſt ſynodum Omnium Sanctorum; quicumque vero predict. canonicorum & clericorum a dicta die in antea ceſſaverint ſuper ſolutione ad quam tenebitur, pro qualibet die qua ceſſaverit in ſolutione predicta ſolvat refectorariis predict.

unum meit. filiginis, nec ex tunc in antea recipiatur in choro
nec in capitulo vocem habeat vel etiam admitatur *(f° xiiij)*,
nec in divifionibus terrarum aliquid percipiat & libram
fuam cotidianam amittat, quam percipient refectorarii predicti : quas penas predict. fuftineat donec folverit predict.
debitum cum pena predicta. Hoc tamen addito, quod
poftquam folverit debitum principale, ad penam dicti meit.
filig. minime teneatur, aliis penis in fuo robore duraturis ;
hoc etiam addito in dicto ftatuto, quod aliquis predict.
canonicorum & clericorum non poffit compenfare obicem
dict. refectorariis, nifi fuper debito liquido, quod fit liquidum
& manifeftum per confeffionem ipforum refectorariorum
vel per bonas litteras vel per papirum capituli. § Idem in
omnibus & per omnia & eedem pene funt ftatute, qui die
ftatuta non folverit procuratoribus anniverfariorum cenfus
& refufiones in quibus tenentur aniverfariis, & fi pena vel
pene predicte in hiis que debentur aniverfariis commitan-
tur, procuratores aniverfariorum exigere & recipere teneantur. § Eft etiam ftatutum quod refectorarii & procuratores aniverfariorum, quando ponentur in officiis predict.,
jurent & jurare teneantur femel ad requifitionem cujuflibet
canonici, quod penas *(b)* predict. a commitentibus ipfas
levent & per penas predict. ceffantes in folvere quantum
poterunt compellant, ita quod fi aliquis canonicorum vel clericorum effet rebellis folvere penas & fubire, quod dicti refectorarii & procuratores aniverfariorum poffint facere ceffari
in ecclefia Viennenfi, dict. penis in fuo robore duraturis: —
quas penas predict. ftatuerunt tradi & reddi procuratoribus
operis Beati Mauricii per dict. refectorarios & procuratores
aniverfariorum. § Et eft etiam ftatutum eadem die quod
refectorarii predicti nomine capituli faciant omnes refufiones & tornas omnibus canonicis & clericis quas faciebant
fibi ad invicem vel quas dict. capitulum faciebat predict.
canonicis & clericis fecunda dominica poft fynodum Omnium
Sanctorum. § Et hec ftatuta funt, omnibus aliis ftatutis factis
fuper predictis penitus revocatis.

Anno Domini Mᵒ CCᵒ LXX IXᵒ, die dominica in craſtinum beati Johannis Baptiſte *(25 juin 1279)*, ſtatutum eſt a domᵒ Gaufredo de Claromonte decano *(vᵒ)* & capitulo Viennenſi, quod quandocumque refectorarius ſeu
theſaurarius ſive illi qui tenebunt ſigillum voluerint aliquam
litteram ſigillare, non debeant illam ſigillare niſi nomen &
cognomen illius qui cuſtodiet ſigillum contentum fuerit in
dicta littera, & ſigillum ipſius proprium apponatur cum
ſigillo magno vel parvo.

Eodem anno, die ſabbati in craſtinum beati Mauricii
(23 ſeptemb. 1279), ſtatutum eſt a dicto capitulo quod
ſtatutum eſt ſuper ſolutionibus Omnium Sanctorum faciendis a capitulo & ſuper penis ſtatutis ſuper dicta ſolutione
facienda legatur in capitulo beati Mauricii & in capitulo
Omnium Sanctorum.

Anno eodem, in craſtinum Omnium Sanctorum *(2 novemb. 1279)*; ſtatutum eſt a domᵒ Joffredo de Claromonte decano & capitulo Viennenſi, ad preces dom. Humberti de Vireu, quod quando contingerit ponere capud
beati Mauricii ſuper altare vel deponi, quod fiat *(d)* bauda
que debeat durare a principio *Magnificat* uſquequo capud ſit depoſitum de altari, & fiat dicta bauda de duobus magnis campanis, & incipient facere baudam quando
incipient parare altare & durabit uſque ad benedictio-
nem capitis. Dictus Hu. obligavit ſe ſolvere pro qualibet
bauda vi. den. maniglariis, quouſque dictus Hu. aſſignaverit xiiii. ſol. cenſuales in annuis redditibus; & ſi continge-
ret quod dictus Hu. in vita ſua non aſſignaverit dict. xiiii.
ſol. cens., vult & expreſſe obligat omnes redditus quos tenet
ab eccleſia Viennenſi poſt mortem ſuam, & quod capitulum
poſſit capere de dict. bonis uſque ad valorem xiiii. libr. Viennenſium ad opus ponendi in conqueremento ad opus ſacriſtie.

Anno eodem, die jovis predicta, videl. in craſtinum Omnium Sanctorum, dom. Joffredus decanus & totum capitulum Viennenſis ecclefie revocaverunt ſtatutum de non danda

libra alicui laico, quantum ad iftud capitulum : quo ftatuto
revocato , dictum capitulum conceffit Symoni de Palacio
libram canonici cotidianam quam percipit unus canonicus
in librationibus cotidianis & ipfum receperunt in *(fº xv)* fa-
miliarem capituli ita quod fit operarius dicte ecclefie; qui
Symon juravit facere utilia dicte ecclefie & inutilia dimit-
tere , et dampnum dicte ecclefie fignificare quam cito fciret.
Quibus peractis, ftatim voluit dict. capitulum dict. ftatutum
five ftatuta , quod alicui laico non concedatur aliqua libra,
in fuo robore maneant & integre ferventur.

Eodem anno & die, ftatuerunt dict. capitulum, ad requifitionem Martini de Maon archipresbiteri de Annonay, quod
capud fancti Mauricii ponatur fuper altari in fefto beati
Johannis Evangelifte ante portam latinam , & dict. Martinus debet erga facriftam procurari de luminaria facienda in
dicto fefto.

Anno eodem, die jovis in craftinum Omnium Sanctorum,
in capitulo generali capitulum fancte Viennenfis ecclefie ordinaverunt, voluerunt & concefferunt quod G(aufredus)
decanus, Odo facrifta, Petrus Bovardi,   , G. Remetainz,
Hu(mbertus) chabifcolus, Burno de Chignins, canonici dicte
ecclefie poffint recipere pecuniam mutuo fub ufuris vel fine
u., fuper pignoribus vel *(b)* fine p., quantumcumque eis
expedire videbitur vel a quocumque voluerint, ad folvendum
debita ecclefie contracta vel contrahenda, pro negociis ecclefie faciendis & procurandis; item, quod ipfi poffint ordinare
prout eis melius videbitur qualiter & quomodo poffit haberi
pecunia..., obligando vel vendendo fructus refectorii Viennenfis in totum vel in parte, ad tempus certum vel ad vitam,
vel faciendo collectam nobis vel clericis five hominibus dicte
ecclefie vel quocumque alio modo; item, ordinandi quis recipere debeat pecuniam quam ipfi ordinabunt colligi vel recipi
pro dict. debitis... folvendis, ita quod nullus poffit fe excufare
quin fubeat honus (quod) impofuerint colligendi , levandi,
cuftodiendi vel quodlibet aliud honus fubendi. Dantes
predictis plenam poffe faciendi & ordinandi univerfa

& fingula necceffaria vel utilia ad predicta facienda five ordinanda : jurantes quiflibet fingulariter tactis facro fanctis Evangeliis tenere & adimplere *(v°)* univerfa & fingula que per ipfos fuper predictis ordinabuntur, non obftante aliquo ftatuto five ordinatione factis per nos dict. capitulum, que ordinatio five ftatutum, fi qua funt facta que poffent effe predictis contraria vel obviare, revocamus in quantum hiis effent contraria vel nociva. Si quis vero contra predicta venire vellet vel eis aliquatenus obviare, fubjaceat penis que ftatute funt contra ceffantes in folutionibus refufionum debitarum capitulo vel alios de ecclefia memorata : hoc addito quod, fi quis veniens vel venire volens contra ea que per predictos ordinabuntur intraverit chorum vel capitulum, alii omnes per juramentum exire teneantur donec refipuerit & hemendam fecerit competentem. Precipientes P. Bovardi thefaurario, Humberto refectorario vel ei qui pro tempore refectorarius fuerit, quod fuper omnibus debitis contractis vel contrahendis folvendis five aliis obligationibus faciendis que predictis fex vel quatuor ex facienda videbuntur, literas quas eis obtulerunt figillent figillis capituli noftri, nec non & de poteftate a nobis eis fuper (hoc) concef-*(d)*fa figillent literas quas voluerit, pro ut melius & fecurius confici potuerit vel dictari.

STATUTUM...

Anno Domini Mº CCº LXXXº, die martis poft feftum beati Johannis Baptifte *(25 juin 1280)*, in capitulo generali dom. G(aufredus) decanus totumque capitulum Viennenfe ftatuerunt & concefferunt, quod Joffredus filius Ay. de Claromonte recipiatur in canonicum Viennenfem & concedunt ei quod fit canonicus Viennenfis & ipfum recipiunt in canonicum & in fratrem, volentes quod ftatim faciat fidelitatem fuam : hoc tamen acto, quod dict. Joffredus infra tres annos non poffit afcendere majorem chorum nec habere vocem in capitulo nec ab illo termino in antea nifi fuerit in ordine fubdiaconatus.

Item, eodem anno & die, dict. decanus & totum capitu-

lum Viennenfis ecclefie prorogant ftatutum factum , quod
nullus in dicta ecclefia introducatur a fefto Omnium Sanctorum proximo venienti ufque ad quatuor annos continue
computandos , excepto dom° Hugone Jordani, capellano
dom' epifcopi Valentini, qui debet poni in dicta ecclefia in
fine ftatuti proximi.   *(f° xvj)*

    Item concefferunt magiftro Hu. de Sarreriis, quod ipfe
afcendat majorem chorum.

    Item concefferunt Antelmo Rigaudi, canonico Lugdu-
nenfi , quod ipfe poffit afcendere majorem chorum.

    Item ftatuerunt dict. decanus & capitulum dicta die &
anno, quod canonici Sancti Martini & Sancti Jufti non com-
putentur in numero illorum duorum qui debent remanere
in choro fuperiori, & quod non poffit cantari nifi fuerint ibi
duo clerici de majori choro ; ille vero per quem cantabitur
fubmiffa voce admittat libram fuam five fit canonicus five
clericus , & quod illi de Sancto Martino & de Sancto Jufto
admittant libram fi non fuerint pro ut eft confuetum.

    ANNO Domini M° CC° LXXX° primo , die mercurii in
craftinum fefti beati Johannis Baptifte *(25 juin 1281)*,
in capitulo generali ftatutum eft a dicto capitulo quod
omnes fcriptores curie qui funt clerici ecclefie noftre teneantur fcribere omnia negocia dicte ecclefie, ad requifitionem
procuratorum capituli & aniverfariorum, alioquin ille
vel illi qui in hoc *(b)* rebelles vel inobedientes fuerint
libram fuam per unum menfem atmittant & dicti procuratores promittunt quod non excuorent unos plus quam
alios.

    ITEM, eodem anno, die martis in craftinum fefti beati Mau-
ricii *(23 feptemb.)*, in capitulo generali conceffum eft dom.
Guiffredo de Vireu ad vitam fuam tantum, dum ipfe faciet
moram apud Sanctum Gervafium in domo fua cum tribus
de fociis fuis, ipfo exiftente in domo Sancti Gervafii , quod
licet ipfe vel focii fui non interfuerint matutinis diebus feftis
novem lectionum , quod ipfe & tres focii fui poffint effe

horis canonicis diebus feſtis novem lectionum, non obſtante
ſtatuto facto incontrarium.

STATUTUM... (CHARVET, *p. 412*).

A N N O eodem & die veneris ante feſtum beati Mauricii
(19 ſeptemb. 1281), totum capitulum Viennenſe ordinaverunt & concefferunt omnes unanimes quod dom. Gauf-
fredus de Claromonte decanus, Petrus de la Borgia & Hugo
Recuz refectorarii teneant & gubernent ſanctam ſedem ar-
chiepiſcopalem Viennenſem, & quod jurent dict. ſedem
gubernare ſub forma inferius ſcripta. Unde dicti decanus
& refectorarii juraverunt hec que ſequentur: *(vo)*

Primo promittunt dicti tres, dict. dom. decanus, Petrus
& Hugo, quod ipſi fideliter regent ipſam ſedem ad utilitatem eccleſie, & quod jura archiepiſcopatus & civitatis
Viennenſis cuſtodient fideliter pro poſſe ſuo, & utilia ipſius
archiepiſcopatus & eccleſie facient & procurabunt & inutilia pretermittent nec inutilia fieri permitent, immo pro
poſſe ſuo obviabunt; — item, quod ipſi vel alter ipſorum
per ſe vel per alium non recipient vel accipient aliquid de
redditibus ipſius ſedis vel obventionibus quibuſcumque vel
echeutis vel juribus ipſius archiepiſcopatus; — item, quod
ipſi non recipient aliquas druali(a)s ſeu dona vel lucramenta
vel permiſiones pro negociis ipſius ſedis vel ſuper tractatu
negociorum dicte ſedis; — item, quod ſervent & cuſtodient
jura capituli, canonicorum & clericorum; — item, quod
ſuper juribus archiepiſcopatus ipſius ſedis conſervandis &
recuperandis ſeu deffendendis alicui non deferant prece vel
precio vel amore vel odio vel aliqua alia de cauſa; — item,
quod habebunt dicti canonici qui tenebunt ſedem formam
ipſius juramenti; — item, quod non poſſint conferre aliquod
beneficium ſine conſenſu majoris partis capituli, exceptis
curis; — item, quod non incipient aliquam guerram vel *(d)*
guerras ſine conſenſu majoris partis capituli. Que omnia
dicti decanus & capitulum ratificaverunt & confirmaverunt
die martis poſt feſtum beati Mauricii *(23 ſeptemb.)*, in capitulo generali.

Item conceffum eft dict. decano, Petro & Hugoni refectorariis, quod ipfi poffint inquirere fuper donacione miftralie
Viennenfis facta, ut dicitur, per dom. epifcopum Valenti-
nenfem, fanctam Viennenfem ecclefiam vacantem guber-
nantem, dom° Odoni Alamanni, canonico Viennenfi, & quod
ipfi poffint conferre dict. miftraliam ipfi tres dicto Odoni,
fi de jure vel de confuetudine poteft facere dict. capitulum.

Item, eodem anno & die, dict. decanus & capitulum
ftatutum quod fecerunt de non ponendis clericis in ecclefia
Viennenfi a fefto Omnium Sanctorum ufque ad tres annos
continuos numerandos revocaverunt & omnino removerunt,
quo facto voluerunt & concefferunt Gauffredo de Moyrenc
clerico, quod ipfe in ecclefia Viennenfi ponatur in choro,
& quod fit clericus dicte ecclefie dict. capitulum conceffit
eidem.

ITEM, eodem anno & die, dict. dom. decanus & totum
capitulum Viennenfe in capitulo generali exiftentes quod
celebratur in craftinum b¹ Mauricii, ftatuerunt & ordinaverunt quod a fefto Omnium Sanctorum proximo venienti
ufque ad tres annos *(f° xvij)* continue numerandos nullus
introducatur in ecclefia Viennenfi, & dict. ftatutum de non
ponendis clericis in dicta ecclefia in eodem ftatu in quo
prius erat reformaverunt & ftatuerunt ipfum confervare.

STATUTUM ALIUD.

ANNO Domini M° CC° LXXX° III°, in craftinum Carnifprivii veteris *(28 février 1284 n. ft.)*, dom. G(aufredus) decanus totumque capitulum Viennenfe revocaverunt ftatutum de non ponendis in ecclefia Viennenfi clericulos, & concedunt quod cabifcolus & magifter poffint ponere viii. clericulos de novo in dicta ecclefia, non obftante
alio jam facto: quo facto, dict. decanus & capitulum refor-
mant dict. ftatutum & quod remaneat in fua firmitate.

Anno eodem & die, conceffum eft Jo. de la Valleta quarta
capellania quam tenebat dom. G. de Moyrenc, ita quod fit
facerdos infra Pafcha proximo venturum.

Item, eodem anno & die, revocant ftatutum de non

ponendis clericis in choro majori & concedunt quod Hugo
de Sayfuel ponatur in choro majori, & ftatim concedunt
quod dict. ftatutum remaneat in fuo robore & firmitate.

Item, eodem anno & die, revocant ftatutum de non dan-
dis clericis libram canonicam & concedunt (b) Hu. de
Sancto Valerio archipresbitero duos denar. de libra & faciat
edomadam, & ftatim dict. ftatutum volunt & ordinant
quod fit in fuo robore & firmitate.

Anno eodem & die, conceffum eft dom° G. de Balma,
canonico Viennenfi, quod de tribus aniverfariis que debet
pro domo G. de Balma, que diu eft debuiffet feciffe, volunt
& concedunt dicto G. quod ipfe faciat 1. aniverfarium
infra Pafcha, item faciat duo anivers. infra unum annum.

Item, dom° G. de Bello Vifu conceffum eft, qui debet
duo aniverfaria retenta, quod ipfe faciat 1. aniverfarium
infra Pafcha & aliud anivers. faciat infra feftum beati Michaelis.

ITEM STATUTUM ALIUD.

ANNO Domini M° CC° LXXX° IIII°, in craftinum beati
Johannis Baptifte (25 juin 1284), in capitulo generali
quod tunc celebratur, conceffum eft Artaudo de Roffilione
quod de C. libris Viennen. quas legavit bone memorie
dom. Jo(hannes) archiepifcopus capitulo Viennenfi in fua
ultima voluntate, quas debebat dom. G. de Roffilione, pater
dicti Artaudi, dicto archiepifcopo, quod (de) dicto debito C.
libr. remitantur dicto Artaudo XL. lib. & LX. lib. compen-
fentur in debito quod debebant dict. capitulum cuidam
burgenfi Lugd(unenfi) qui dict. debitum mutuavit dicto
capitulo. (v°)

ANNO Domini M° CC° LXXX° IIII°, die lune in craftinum Carnifprivii veteris (12 février 1285 n. ft.), conceffum eft a dom° Guillelmo archiefpifcopo & capitulo Viennenfi, quod de helemofina qua mrecipit Albertus Menabos,
procurator aniverfariorum, de bonis aniverfariorum dentur
fratribus Minoribus x. libre, item dentur fororibus Minucis .

Sanĉte Clare C. fol., item quod diĉt. Albertus provideat
Jacobo de Turre presbitero & magiftro Galteri in fuis ne-
ceffitatibus, ita tamen fi dom. decanus concefferit: unde
poftea ego Jo. de Mayreu, notarius diĉti capituli, habui
confenfum dom¹ decani de prediĉtis.

Item, eodem anno & die, conceffum eft dom° Guillelmo
archiepifcopo, quod Thomas clericus fuus ponatur in ecclefia Viennenfi & quod fit clericus diĉte ecclefie, ita tamen fi
dom. decanus confenferit.

Item, eodem anno & die, conceffum eft dom° Raymondo
precentori, quod Guillelmus clericus fuus de verfus Romanis ponatur in ecclefia Viennenfi & quod fit clericus ecclefie
fupradiĉte, ita tamen fi dom. decanus confenferit.

Anno Domini M° CC° LXXX° V°, die lune in craftinum
Carnifprivii veteris *(4 mars 1286 n. ft.)*, in *(d)* capitulo
generali conftitutum eft quod Albertus Menabos det de
bonis helemofine fratribus Minoribus Vienne C. fol., item
fratribus Predicatoribus Lugduni C. fol., fororibus Minucis
LX. fol.; item faciat duas donas de bonis diĉte helemofine,
& quiddit habebit ufque ad feftum beati Johannis de bonis
helemofine dentur pro Deo pauperibus; item Poncio Bor-
get dentur xx. fol. & II. fol. qualibet fepimana ufque fit
fanatus.

Item ordinatum eft in diĉto capitulo de confratria, quod
fro. confratrie & denarii folvantur infra quindenam Pafche
que debentur confratribus a canonicis & clericis, alioquin
quicumque canonicorum & clericorum non folverit libram
fuam perdat & refeĉtorarius ipfam recipiat, & heç intelli-
gunt imperpetuum, & libra que amitetur ponatur in fubfidium diĉte confratrie, & refeĉtorarius feu refeĉtorarii ponant
priores in diĉta confratria infra quindecim dies poftquam
refeĉtorariam acceperint.

Item, eodem anno & die martis fequenti *(5 mars)*, ftatutum eft a dom° G(uillelmo) archiepifcopo *(f° xviij)* & capitulo, quod fefta beatorum Jacobi, Xpiftofori & fanĉti Jo-

hannis decollacionis que fiebant in capella Beati Johannis, quod fiant in choro majori.

Item, eodem anno & die martis predicta, concessum est Alberto Menabo clerico quod tam cito fuerit subdiaconus, quod ipse ponatur in chorum superiorem.

Item concessum est, eodem anno & die martis predicta, magistro Guillelmo de Valencia, canonico Romanensi, quod ipse ponatur in chorum superiorem.

Item, statutum est quod festa beatorum Johannis & Pauli & festum beati Clementis fiant de ix. lectionibus.

Item, statutum est quod de sancto Ruffo & de sancto Eligio episcopo & confessore fiat de sanctis.

ANNO Domini M° CC° LXXX° V°, die veneris in crastinum Omnium Sanctorum *(2 novemb. 1285)*, concessum est dom° R(aymundo) cantori quod G. de Romans clericus ponatur in chorum superiorem.

ANNO Domini M° CC° LXXX° V°, die dominico in crastinum beati Mauricii *(23 septemb. 1285)*, in capitulo generali concessum est dom° B. de *(b)* Chinins, quod ipse habeat ex dono capituli Vitreu cum honere unius aniversarii, prout tenebat Reynaudus Maugirons clericus.

Item, eodem anno & die, concordatum est inter venerabilem patrem dom. G(uillelmum) archiepiscopum & capitulum Viennense, quod ipsi dant potestatem dom° Hugoni de Castro Novo, d. Bosoni Potrenc & Jo. de Mayreu clerico, quod ipsi possint omnes possessiones, redditus, decimas comunes inter ipsos dividere in duas partes quas ipsi habent comunes, ita quod dom. archiepiscopus habeat ex una parte suam partem & capitulum habeat aliam, ita quod quilibet partem suam habeat assignatam[1].

Eodem anno & die, ordinatum (est) per dom. archiepiscopum & capitulum, quod dom. Hu. de Castro Novo & Ay. de Fabricis sint procuratores in inmens & dampnis

(1) Voir CHARVET, *Hist.*, p. 419-20.

quos faciunt nobiles viri comes Sabaudie & dalphinus, & quod capitulum faciat expensas quando habebunt diem pro capitulo & aniverfarii faciant expenfas quando habebunt diem pro aniverfariis. & remuneretur eis de labore ad albitrium dom' G. de Vireu , Odonis facrifte & Hu(mberti) cabifcoli; *(v°)* & intelligat dict. capitulum quod ipfi funt procuratores omnes qui injuriantur capitulo, exceptis canonicis[1].

Item dederunt poteftatem dict. tribus, quod ipfi poffint recipere permutationem a dom° archiepifcopo de xxx. fol. cenfus , quos habet capitulum fuper molendinum de Veferonci de dominio.

Item concefferunt poteftatem faciendi permutationem de feudo & homagio Durandi de Comennay & Petri Aymari , de confenfu tamen dicti D. & dicti P.

Item ordinatum eft in dicto capitulo, quod dom. Hu. de Vireu archidiaconus & dom. B. de Chinins poffint vendere pedagium magis offerenti, tot annis quibus ipfi viderint utile ecclefie Viennenfi, ita quod fi aliquis canonicus vellet dict. pedagium habere , quod ipfe poffit eum habere pro eodem precio pro fe & non pro alio.

Item, eodem anno & die, ordinatum eft per dict. capitulum, quod dom. G. de Lignon , cuftos Lugd(unenfis) , dom. Jo. de Anthone , B. de Chinins poffent tractare de amicitia , focietate & confederatione facienda inter capitulum Lugdunenfe & capitulum Viennenfe , & quod dict. *(d)* amicitiam, focietatem & confederationem poffint confumare, de confilio rev[dl] patris dom' G. archiepifcopi Viennenfis & dom. G(aufredi) decani & G. de Vireu cantoris , Hu. de Vireu, , Odonis facrifte, Hu. cabifcoli, G. Remeftan, & predicta poffint facere de confilio predictorum[1].

Anno Domini M° CC° LXXX° VI°, die martis in craftinum beati Johannis Baptifte *(25 juin 1286)*, in capitulo generali continuatum eft dict. capitulum , de voluntate

(1) Voir Charvet, p. 420.

ven^lis patris dom. G(uillelmi) archiepifcopi & tocius capituli, ufque ad diem mercurii fequentem, ad tractandum de negociis dicti capituli, excepto quod non poffint facere canonicos feu ponere clericos in ecclefia Viennenfi : ad quod contradicit dom. Hugo de Feladru canonicus & non confentit quod dict. capitulum continuetur, ad quod refpondit dom. Hu(mbertus) cabifcolus, procurator aniverfariorum, & dicit quod dict. Hugo de Pelladru non habet vocem in capitulo, propter hoc quod fecundum ftatutum capituli cum non folverit duas librationes quas diu eft fecifle debuiflet.

Eodem anno & die, conceffum eft a dom° G. archiepifcopo & capitulo dom° G. Remeftan, quod Guillelmus Remeftanz nepos fuus (f° xix) introducatur in ecclefia Viennenfi, ad quod refpondit dom. H. de Pelladru quod non confentit, & dict. dom. Hu. cabifcolus refpondit quod non habebat vocem in capitulo, fecundum quod fuperius dictum eft.

Eodem anno & die mercurii fequenti (26 juin), ad quam diem dict. capitulum erat continuatum, prout fuperius dictum eft, conceffum eft dom° Alamando de Coydreu quod Bertholomeus de Valleta ponatur in choro fuperiori.

Anno Domini M° CC° LXXX° VI°, die lune in craftinum beati Mauricii (23 feptemb. 1286), in capitulo generali conceffit capitulum dom° G. de Rochifort, quod ipfe habeat LXX. fol. fuper capitulum ratione divifionum dom' R(aymundi) cantoris & dom' B. de Chinis, & quod quando fient divifiones dicti LXX. fol. affignentur fibi in terra.

Eodem anno & die, dom. G(uillelmus) archiepifcopus & capitulum Viennenfe concordant unanimiter, quod dom. G. Remeftanz fenior fit cantor & habeat cantoriam quam tenebat dom. R. cantor, & ipfum unanimiter elegerunt in dicto capitulo in cantorem.

Item, eodem anno & die, ordinatum eft per (b) dict. dom. archiepifcopum & capitulum de fententia ferenda contra

dom. Odonem Alamanni & alios clericos qui erant in Pupeto quando fuit obceffum , quod deliberatione habita &
confilio poffit per dict. archiepifcopum nomine capituli ,
loco & tempore quando de jure fibi videbitur, faciendum.

Item ordinatum eft, quod dom. G. cantor cuftodiat hele-
mofinam. — Item , quod Jo. de Mayreu fit operarius.

Item, eodem anno & die , dict. dom. archiepifcopus &
capitulum faciunt & recipiunt in canonicum & in fratrem
dom. Guidonem de Gebenna.

Item volunt quod Jo. de Barnay ponatur in chorum
fuperiorem.

Item concedunt Petro de Pinet quod quando fuerit
fubdiaconus , quod ipfe ponatur in chorum fuperiorem.

Item continuunt capitulum ufque ad diem jovis ad
omnia.

Item, eodem anno & die, dom. G. archiepifcopus & capitulum Viennenfe ftatutum, quod aliquis canonicus five
clericus non poffit accendere chorum fuperiorem nifi fuerit
fubdiaconus , penitus revocant & removent , & concedunt
Alberto de Roffilione concanonico fuo quod ipfe ponatur
in chorum fuperiorem , non obftante dicto ftatuto.

Item, eodem anno & die, ftatuunt predicti dom. archiepifcopus (v°) & capitulum Viennenfe, quod nullus decetero
afcendat chorum fuperiorem nifi fuerit in facris ordinibus
conftitutus, videl. in fubdiaconatu.

Anno Domini M° CC° LXXX° VI° , die lune in craftinum Carnifprivii veteris *(24 février 1287 n. ft.)* , in
capitulo generali totum capitulum Viennenfe concefferunt
dom° Alamando de Coyndreu , concanonico fuo, medietatem trium parcium Sancti Clari , quas tenebat dom. G.
Coyndos; item concefferunt dom° A. de Condreu , quod
ipfe tutat totum Sanctum Clarum fine aliqua reffufione capituli , videl. quod omnes torne quas fiebant capitulo tam
ipfe quam dom. G. fint remiffe & quittate , & quod teneat
Sanctum Clarum fine aliquo honere quantum ad capitulum;

item remitunt fibi omnes refufiones quos faciebat dicto capitulo pro Bacaras & les Cotes; item concedunt fibi Chomonz, ficut tenebat ipfum dom. R(aymundus) cantor , & dict. Alamandus debet baftire & retinere ecclefiam Sancti Clari ad albitrium dom' Hu. de Caftro Novo & Ay. de Fabricis; & fi plus expenderet ultra hoc quod eft inter ipfos ordinatum, capitulum debet fibi emendare & folvere ad albitrium dict. duorum, & fi minus faceret ipfe debet emendare ad dictum dict. duorum. — Item conceffum eft dicto Alamando, quod ibidem fit *(d)* refidens & quod poffit ibi tenere hofpicium fuum & ibidem libretur ipfe & focii fui; item actum eft inter ipfos , quod nifi baftiretur fupradicte pactiones non haberent roboris firmitatem.

Item, eodem anno & die , conceffum eft dom. Odoni facrifte, Hu. de Caftronovo, G. de Balma & P. de Briort , obedientiariis de Reventins, quod ipfi habeant domum quam habebat ibi dom. G. Coydos , & quod cadunt cenfus quod faciebat dom. G., videl. xl. fol., fi ipfi volunt baftire Reventins, & fint ibi refidentes & focii eorum & quod librentur ibidem. — Item actum eft inter dict. capitulum & dict. obedienciarios , quod nifi baftiretur fupradicte pactiones five conventiones non haberent roboris firmitatem.

Item, eodem anno & die, conceffum eft dom° Hu. de Caftronovo, quod quidam fuus confanguineus ponatur in ecclefia Viennenfi, & cabifcolus ponat ipfum in dicta ecclefia ad requificionem ipfius.

Eodem anno & die, ftatutum eft a dicto capitulo Viennenfi, quoniam ab antiquis ordinatum est quod, quicumque vult relinquere aniverfarium ecclesie Viennenfi, relinquit lx. fol. annuos vel *(f° xx)* lx. lib. Viennen. de quibus dict. aniverfarium aquitatur, Nos capitulum attendentes quod ex multitudine nimia clericorum in choro noftro hactenus pofitorum, illi qui tenentur facere aniverfaria annuatim in ecclefia noftra nimium gravabantur, ftatuimus & ordinamus quod tot poffint poni clerici in choro noftro quod de lx. fol. annuis poffit libra fieri cotidie competenter, & fi per occupationem vel negligenciam vel inportunitatem aliquorum plures clerici in choro noftro pofiti fuerint, ftatuimus & ordinamus quod noviffimis non detur libra donec numerus clericorum redactus fuerit ad numerum pretaxatum, videl. quod de LX. fol. annuis poffit librari vel fieri libra cotidie competenter.

Item, eodem die & anno, ftatuimus & ordinamus quod aliquis clericus non ponatur in choro nifi competenter fciat legere & cantare, & per cabifcolum attentiffime examinetur, nifi fit bene nobilis & talis perfona de quo fit honor ecclefie & non honus; item, quod clericulus in choro noftro non introducatur, nifi fciat feriale & fanctorum & officium mortuorum.

Anno Domini M° CC° LXXX° VII°, die *(b)* mercurii in craftinum beati Johannis Baptifte *(25 juin 1287)*, in capitulo generali concefferunt dict. capitulum Thome clerico domⁱ archiepifcopi Viennenfis, quod ipfe ponatur in chorum fuperiorem.

Eodem anno & die, concordant dict. capitulum quod dom. Odo facrifta, P. de Marjais, G. de Balma & Hugo de Caftronovo, quod ipfi poffint omnia ftatuta fcripta in papiro capituli emendare, corrigere, diminuere, adere & declarare, ad que ftatuta fervanda canonici fint aftricti per juramentum & ad que fervanda teneantur de honeftate. (CHARVET, *p. 422*).

Anno Domini M° CC° LXXX° VII°, die dominico in craftinum Omnium Sanctorum *(2 novemb. 1287)*, in capitulo generali dict. capitulum volentes dom° Alberto Lombardi graciam facere fpecialem, concedunt dom. Alberto quod ipfe non teneatur tenere hofpicium ufque ad Natale Domini & pro refidenti habeatur, auc fi teneret hofpicium.

Anno Domini M° CC° LXXX° VII°, die lune in craftinum Carnifprivii veteris *(16 février 1288 n. ft.)*, in capitulo generali dict. capitulum concedunt dom° Jo. de Anthone, quod ipfe habeat xxx. fol. de divifionibus domⁱ G. de Lignon & quod ipfas fibi *(v°)* faciat dom. G. de Vireu cantor pro medietate vinee de via media, quos faciebat dom° G. de Lignon.

Item, eodem anno & die martis *(17 févr.)* conceſſum eſt fratri Rodulpho, priori Sancti Valerii, ut intret chorum Viennenſem, perſone ſue ſolummodo concedendo. — Item concedunt Artaudo de Roſſillione, quod Guigo de Salamon presbiter introducatur iñ choro Viennenſi.

ANNO Domini M° CC° LXXX° VII°, die lune poſt dominicam qua cantatur *Oculi mei (1er mars 1288 n. ſt.)*, ad quam diem dict. capitulum erat continuatum, dom. Guillelmus archiepiſcopus, dom. Alamandus decanus totumque capitulum ſtatuerunt & ordinaverunt, quod ſi contingat ordinacionem canonicorum fieri, quod ſtatutum de LX. ſol. librandis tantum in die ſervetur & quod quilibet canonicus qui creabitur juret & jurare teneatur ſervare illud ſtatutum, & ſi contingat quod aliquis acciperet de libra preter voluntatem libratoris contra illud ſtatutum, vel aliùs pro ipſo ipſum ratum habente, ipſo facto ipſo jure ſit privatus jure canonice & eciam ſi aliquid haberet in diviſionibus admittat; & precepit capitulum quod inde fiat litera ſigillo archiepiſcopi & capituli ſigillata, & ſi aliquid fiat ſecundum Deum *(d)* & ſecundum ordinationem antiquam dicte eccleſie, concedunt quod fiat ordinatio. Hii ſunt canonici in dicto capitulo: dom. G. archiepiſcopus, Alamandus decanus, G. (Remeſtan) cantor, G. de Vireu cantor, Henricus de Gebenna, Guido de Gebenna, Jo. de Anthone, Guido de Bello Viſu, Humbertus cabiſcolus, Poncius de Roaneys, Guillelmus de Sayſuel, G. de Balma, Aymo de Fabricis, Albertus de Villa, Odo ſacriſta, P. de Margais, G. de Rochifort, Jacobus de Candiaco, Hugo de Peyrau, Albertus Coyndos, Hugo de Caſtronovo, Guigo Remeſtanz, P. de Briort. Item ordinaverunt predicti, quod quiſlibet poſſet facere 1. canonicum: unde dom. archiepiſcopus nominat Guillelmum prepoſitum Gracacenſem, item nominat Bertrandum filium dom¹ Ay. de Chabrillan de gracia; item dom. A. decanus, Alamandum de Albarippa & Humbertum de Montelupello,

de gracia; G. cantor, Guillelmum Remeſtan nepotem &
Guigonem Remeſtan clericulum de gracia; G. de Vireu
cantor nominavit dom° archiepiſcopo, qui fuit ad ipſum
filium domini de Candiaco; Henricus de Gebenna, G.
filium P. Flota; Guido de Gebenna, P. filium domini de
Montelupello; Jo. de Anthone, Ay. de Anthone; G. de (f°
xxj) Bello Viſu, G. fratrem ſuum; Hu. cabiſcolus, Hugonem fratrem ſuum; Poncius de Roaneys, Poncium de
Lignon; G. de Sayſuel, Antelmum fratrem; Albertus Lon-
barz, Franciſcum fratrem; Odo ſacriſta, Odonem nepotem;
P. de Marjays, Guillelmum de Marjays; G. de Rochifort,
Guichardum de Sancto Simphoriano, filium P. de Sancto
Simphor.; Jacobus de Candiaco, Lambertum fratrem; Hugo
de Perau, Guelis de Auriol; Albertus Coyndos, Guillelmum fratrem; Hugo de Caſtronovo, Ay. de Croles; G.
Remeſtanz, Matheum fratrem; G. de Balma, Franciſcum
de Quinceu clericulum; Ay. de Fabricis, Antelmum fratrem.

Item ordinaverunt dicti dom. archiepiſcopus, A. decanus totum(que) capitulum, quod dom. archiepiſcopus, A.
decanus, G. cantor, Odo ſacriſta, Hu. cabiſcolus, Guillelmus de Balma, P. de Priort, Hu. de Caſtro Novo, Poncius de Roaneys, Guillelmus de Rochifort habeant poteſtatem faciendi xii. canonicos, & ſecundum ordinationem
eorumdem ordinentur & ſuſcipiant ordines tam creati canonici quam creandi & ſecundum quod per ipſos fuerit ordinatum, & ad hoc faciendum debent omnes concordare ſi
voluerint intereſſe. — (b) Item de dict. xii. canonicis, vii.
ſint de eccleſia & v. de forenſibus. Item concedunt quod
ad preces dom. Hugonis de Turre, ſeneſcalci Lugdunenſis,
quod Guillelmus de Beſſan ſit canonicus de gracia; item
quod Antelmus de Chinins ſit canonicus de gracia; item
concedunt quod Amedeus de Podio ſit canonicus de xii.

Item continuunt capitulum ad diem craſtinam, prout
ſuperius ſcriptum eſt. Item die martis (2 mars), dom.
archiepiſcopus, A. decanus & capitulum concedunt. Guigoni d'Anjo, domino de Sareria, quod G. Baras nepos

suus sit canonicus de gracia; item concedunt quod Hugo
filius domini de Breyseu sit canonicus de gracia; item concedunt Artaudo de Rossillione quod Fochiers filius dom¹ Ay.
Guichardi sit canonicus de gracia.

Item, dicta die martis, venit in capitulo dom. P. de
Briort, qui predicta die lune fuerat in capitulo, presentibus
dom. archiepiscopo, decano & capitulo, hora qua cantatur
missa de mortuis in Kadragesima ante processionem, & mihi
Jo. de Mayreu notario capituli Viennensis prohibuit ne
aliquid scriberem in papiro de hiis que agerent in dicto
capitulo, & dixit coram omnibus quod appellabat ad apos-
tolicam sedem, & deferebat quamdam quartam in manu
sua, in qua continebatur apellacio sua, prout dicebat, quam
projecit in terra; & presentaverunt sibi quod esset in tractatu,
prout (vᵒ) ordinatum erat, & ita recessit, & dictum fuit sibi
ut legeret dict. cartam, & ita recessit & noluit legere. Postea
dom. archiepiscopus, decanus, cantor, O. sacrista, H. cabiscolus, G. de Balma, H. de Castronovo, P. de Roaneys,
G. de Rochifort se ponentes ad partem, unanimi voluntate ordinant de xi. canonicis qui restabant ad faciendum,
& ordinant quod Guillelmus de Royins, nepos episcopi
Gracioppollitani, sit canonicus; G. Rovoyri, G. de Montecalvo, Poncius de Saysuel, Soffredus Feranz, Ay. de
Clavayson: & sic facti sunt vii. canonici de ecclesia. Item,
de quinque de foris qui restabant ad faciendum, ordinant
quod Jacobus, filius dom¹ Hu. de Peyrau, sit canonicus;
item Guichardus, filius domini de Clayreu, sit canonicus;
item Guigo, filius Drodonis domini de Bello Visu; item
Odo de Chaurisac, item Jo. de Vilars: & sic facti sunt
quinque. Item dicti novem concordaverunt insimul, quod
potestatem quam habebant de ponendi ordines in dict.
canonicos creandos, quod tres ipsorum possent inponere
ordines & quod ipsi teneantur suscipere: qui concordaverunt quod dom. Alamandus decanus, Odo sacrista, G.
de Balma hanc (d) haberent potestatem; unde dicti tres ordinaverunt prout inferius sequitur.

Item, antequam fuiffet publicata dicta creatio feu ordinatio, lectum fuit per dom. Hu. de Caftronovo tenor litere que debebat figillari, quam tenorem litere debebam ponere in papiro quando haberem figillatam, & quod haberetur dicta litera pro ftatuto capituli. Item ordinatum eft per dict. dom. archiepifcopum, decanum & capitulum, quod quilibet teneatur jurare in receptione fua quod ad ordines fibi inpofitos ftatutis temporibus, quando voluerit uti jure canonie, fe faciat promoveri, & nullus poffit accendere chorum majorem quoufque ordinem fibi inpofitum fuceperit, nec vocem habere in capitulo nec in divifionibus terrarum accipere, & nullus poffit imppetrare graciam a capitulo vel a dom° papa: iftud eciam intelligitur de omnibus qui funt fuper chorum majorem, prout ordinatum fuit alias in alia ordinatione canonicorum jam diu eft facta.

Ifti funt capellani: Guillelmus prepofitus Gracacenfis, Aynardus de Croles, *(f° xxij)* G. de Margais, Focherius, G. de Montecalvo, Soffredus Ferranz; Odo de Chaurifac.

Ifti funt diaconi : Guigo Remeftanz clericulus & habet IIII. annos, Poncius de Lignon, Hugo de Sayfuel; Francifcus Lombardi, Lambertus de Candiaco, Guillelmus Coyndos, G. de Befan, Antelmus de Chinis, Guillelmus Rovoyri, G. de Royns.

Ifti funt fubdiaconi: Bertrandus filius dom[i] A. de Chabrillan, Alamandus de Albarippa, Hu. de Montelupello, G. Remeftanz, filius domini de Candiaco, G. filius dom[i] P. Flota & habet quatuor annos, P. filius domini de Montelupello, Ay. de Anthone, G. de Bello Vifu, Antelmus de Sayfuel; Francifcus de Quinceu & habet IIII. annos, Guelis, G. de Baras, Antelmus de Fabricis, Odo de Montecanuto, Hu. de Breifeu; G. de Sancto Simphoriano, M. Remeftan, Amedeus de Podio, Poncius de Sayfuel, Ay. de Clavayfon, Jacobus de Payrin, G. de Clayreu, *(b)* Guigo de Bello Vifu & Jo. de Vilars.

(LE LIÈVRE, *p. 361* ; CHARVET, *p. 422*).

Item concedunt St. Cellararii quod poffit cantari ad majus altare & quod fit coajutor.

Anno eodem & die fabbati fequenti (*6 mars*), dom. Guillelmus archiepifcopus & dom. A. decanus totumque capitulum Viennenfe ftatuerunt & ordinaverunt, quod nullus facerdos neque clericus neque per capitulum neque per decanum ponatur in ecclefia Viennenfi ufque ad x. annos continue computandos, excepto quod dict. dom. A. decanus poffit ponere xii. clericos, ita quod in aliquo anno dict. decem annorum non poffit ponere nifi duos clericos ydoneos prenominatos, de quibus fint vi. capellani ydoney; & de hoc fibi faciunt graciam fpecialem, videl. de dict. presbiteris. — Item, quod dict. ftatutum non poffit revocari per dict. archiepifcopum, decanum & capitulum in aliquo capitulo generali.

Anno Domini M° CC° LXXXIX°, die fabbati in craftinum beati Johannis Baptifte *(25 juin 1289)*, conceffum eft a dom° G(uillelmo) archiepifcopo, A(lamando) decano & capitulo Viennenfi Fuchier filio dom¹ Ay. Guichardi, quod cum ipfe fit pofitus in ordinacione canonicorum quod fit facerdos, & predicti capitullum volentes ad preces dom¹ Alberti de Roffilione *(v°)* miftralis graciam facere fpecialem, concedunt eidem Focherio quod cum fuerit ordinatus in fubdiaconum, quod fit pofitus fupra chorum majorem & quod poffit uti jure canonie ecclefie Viennenfis.

Item, eodem anno & die, concedunt dom° Hugoni de Peyrau quod fit unus de duobus canonicis qui funt focii dom. ar(chiepifcopi) & quod recipiat in divifionibus tamquam bacalarius; & faciunt fibi de gracia, non obftante quod ipfe habet x. lib. de redditibus a capitulo Viennenfi.

Item, anno Domini M° CC° LXXXIX°, in craftinum Carnifprivii veteris *(20 février 1290 n. ft.)*, concedunt capitulum Viennenfe dom° Guillelmo de Valencia, concanonico fuo, medietatem de Montecanuto que vacabat, & hoc faciunt de gracia.

Anno Domini M° CC° LXXXX, die dominico in craftinum beati Johannis Baptifte *(25 juin 1290)*, dom. G(uillelmus) archiepifcopus, G(aufredus) decanus, A. de Conydreu totumque capitulum concedunt, quod pax facta per dom. archiepiscopum & capitulum & dom. A. de Coyndreu ex una parte & dom. G. de Claromonte ex alia *(d)* teneatur & ipsam ratifficant & volunt quod habeat roboris firmitatem, prout pronunciatum est vel pronunciabitur per arbitros. (CHARVET, *p. 428*).

Item, nominat dom. G. decanus G. de Chata decanum Valentinum ut sit canonicus, item Humbertum de Peladru, Soffredum de Bellagarda; & dom. Hu. de Pelladru nominat Ervys de Pelladru nepotem suum.

Item, dicunt & ordinant dom. G. archiepiscopus, G. decanus, A. archidiaconus, ex potestate sibi concessa a dicto capitulo, quod dom. Odo Alamanni sit cantor.

Item, eodem anno & die, dict. capitulum dant potestatem domo G. archiepiscopo, G. decano, A. archidiacono, Odoni sacriste, P. de Briort, Ay. de Fabricis ordinandi seu providendi statutum & reformationem ecclesie, & inveniendi viam per quam factum ecclesie possit in melius emendari : ita quod si omnes nequiverint interesse, alii in dicta negocia procedant. *(fº xxiij)*

ANNO Domini Mº CCº LXXXX, die salbati post festum beati Mauricii (*23 septemb. 1290*), dom. G(aufredus) decanus totumque capitulum Viennense volunt, ordinant & concordant quod residuum quod fuerit in computis ponatur in ediffucatione domus de magna carreria.

Item, dicta die & anno, statuunt dicti decanus & capitulum, quod dom. archiepiscopus, G. decanus, Odo sacrista, Hu. de Castro Novo & A. possint statuta emendare & corrigere, excepto statuto penarum super solucione capituli & aniversariorum.

ITEM, anno Domini Mº CCº LXXXXº, die lune in crastinum Carniprivii veteris (*12 mars 1291 n. st.*), dom. G(uillelmus) archiepiscopus totumque capitulum Viennense concordant, ordinant, volunt & concedunt quod magister And. Bauduini possit cognoscere de jure quod dicit se habere dom. Hu. Eschanpers presbiter in cannonia Viennensis

ecclefie & quod ipfe fuit nominatus per *(b)* dom. P. de Briort
in canonicum Viennen., ut dicit, & quod (fi) ipfe cognoverit de
jure quod debeat recipi, ipfe recipiatur & procedatur de die
in diem, vocatis partibus & traditis articulis hinc inde.

§ Item, eodem anno & die, concedunt Humberto Aljo-
glar 1. meyt. filiginis de xv. diebus & xv. diebus ad vitam
fuam de bonis habere.

⸙ Item, eodem anno & die, concedunt dom. Matheo
Remeftayn concanonico fuo domum que eft juxta furnum
Sancti Laurencii, quam tenebat dom. G. Remeftaynz
avunculus fuus, ad quod refpondet dom. Hugo de Sayfuel·
quod primo volebat quod cognofceretur de dono fuo de divifionibus dom¹ G. de Vireu.

§ Item, eodem anno & die, ordinant quod proceffio fiat
in Annunciatione Dominica in ecclefia fororum Beate Marie
ultra Rodanum.　　　　　　　　　(LE LIÈVRE, *p. 366*).

§ Item ordinant, eodem die & anno, quod illi ca(nonici)
vi. qui faciunt fuburbanias *(v°)* fedeant in fedibus factis, ita
quod tres fint ex una parte & alii tres ex alia.

§ Item ordinant quod fubdiaconi qui fe reveftiu[n]t in diebus
feftivis non fe deveftiant quoufque fubdiaconus (diaconus ?)
fe deveftiat.

§ Item, eodem anno & die, confirmant dom. Hugoni de
Peyrau donacionem quam fecit fibi dom. G. archiepifcopus
apud Sanctum Donatum.

⸙ Item, eodem anno & die, concedunt dom. Alberto
Lombardi concanonico fuo, quod dom. Hugo de Caftro
Novo, Matheus Remeftaynz poffint aterminar debitum
quod debet aniverfariis pro computo facto per ipfum de aniverfariis novis, & quidquid ipfi fecerint ratum & firmum
habebunt.

ITEM, anno Domini M° CC° LXXXX° primo, in craftinum
beati Johannis Baptifte (*25 juin 1291*), in capitulo generali dom. Guillelmus archiepifcopus totumque capitulum
volunt, ordinant & conftituunt quod nullus canonicus poffit
tenere aliquos clericos racione *(d)* refidencie fue in domo fua

vel aliena cum certo precio, & fi contra fecerit nichil percipiat in dyvifionibus terrarum; & fi de hoc dubitatur, declaretur per juramentum dicti canonici & clericorum ibi exiftencium.

ITEM, anno Domini M° CC° LXXXX° primo, die dominico in
craftinum fefti beati Mauricii (*23 feptemb. 1291*), in capitulo generali dom. Guillelmus archiepifcopus, G(aufredus)
decanus totumque capitulum Viennenfe dant auditorem &
cognitorem dom. Petro de Briorc canonico Viennen. & d.
Humberto Efchanper presbitero, fuper jure canonie quam
dicit fe habere dict. Humbertus, dom. Guidonem de Bello
Videre, canonicum Viennen., & quod poffit audire & cognofcere de plano & . fine aliquo ftrepitu judiciario &
aubfque follempnitate juris, & procedat in dicto negocio
huj^{di} prout fibi de jure videbitur faciendum & difinire , &
quod poffit procedere diebus quibus ipfe voluerit, feriatis &
non fer., fecundum jus & confuet(ud)inem ecclefie Viennenfis.

(f° xxiiij)

§ Item, eodem anno & die, ordinant & volunt quod dom.
P. de Marjays & Albertus Lombardi poffint corrigere,
emendare & diminuere omnia ftatuta fcripta in papiro ,
excepto ftatuto facto fuper folucione cenfuum capituli &
aniverfariorum., & ad hoc faciendum poffint vocare illos
canonicos quos fibi ad hoc faciendum viderint necefarios ,
& excepto ftatuto fuper cuftodia caftri Pupeti, & hec omnia
debent ordinari cum confilio & affenfu dom¹ G. archiepifcopi
& dom¹ G. decani.

ITEM, anno Domini M° CC° LXXXX° primo, die veneris
in craftinum Omnium Sanctorum (*2 novemb. 1291*), in
capitulo generali dom. G. Remeftaynz canonicus donat 1.
aniverfarium, quod anivers. vult quod libretur in fefto beati
Michaelis ad matutinas omnibus qui intererint dict. matutinis ad *Benedictus*, ficut fit in fefto beati Mauricii, quod concedunt fieri dom. Guillelmus archiepifcopus & totum capitulum. *(b)*

§ Item, eodem anno & die, ordinant & volunt quod dom.

G. Remeſtaynz ſenior, P. de Marjays & Humbertus cabiſcolus poſſint ordinari de altaribus prout ſibi videbitur faciendum, vel duo ex ipſis.

§ Item, eodem anno & die, concordant dicti G. archiepiſcopus & capitulum, quod dom. G(aufredus) decanus ſit reſidens quantum ad diviſiones terrarum & durante guerra, niſi aliud per capitulum ordinaretur.

§ Item, eodem anno & die, predicti G. archiepiſcopus & capitulum concedunt dom. Guillelmo Coyndo cenſus & uſagia que legavit aniverſariis dom. Boſo Potrens, ita quod dictus G. faciat I. aniverſarium quolibet anno die obitus dicti Boſonis.

§ Item, eodem anno & die, concedunt dictus archiepiſcopus & capitulum dom. Hugoni de Sayſuel omnia bona & redditus que ſunt apud Chaponnay, que habuerunt pro emenda Stephani de Chaponnay, & in hoc faciunt ſibi graciam; & hec debet tenere ad vitam ſuam & pro hiis debet facere I. aniverſarium quolibet anno, excepto quod de (v°) primo anno faciant ſibi graciam.

ITEM, anno Domini M° CC° LXXXX° primo, (die lune in craſtinum Carniſprivii veteris, *25 février 1292 n. ſt.)*, concedunt dom. G(uillelmus) archiepiſcopus, Gauſſridus decanus totumque capitulum Viennenſe, quod libra helemoſine a feſto beati Johannis Baptiſte in quatuor annis ſit operis & quod operarius faciat recipere eam per dict. quatuor annos ad opus dicti operis.

§ Item dant poteſtatem dom° G. Coyndo, G. de Balma, Alberto Menabo aceſſandi & ordinandi de molendino Sancti Girvaſſii & de toto tenemento dicti molendini, ita quod inde fiant duo aniverſaria quolibet anno & unum altarium deſerviatur pro LX. ſol. prout alias eſt fieri conſuetum ſuper dict. tenementum, & alii cenſus fiant que ſunt fieri conſueta.

§ Item concedunt quod magiſter B. Sextoris, officialis modo, quando fuerit ſubdiaconus ponatur ſuper chorum majorem.

§ Item continuant capitulum ad diem martis craftinam, ad procurandum negocia ecclefie.

§ Item, dicta die martis *(26 févr.)*, ordinant quod canonici habeant habitus confuetos ufque ad Penthecoften & clerici habeant ufque ad Affumpcionem beate Marie.   *(d)*

§ Item, dicta die & anno, dom. Hugo de Sayffuel renunciat dono divifionum dom. Alberti Coyndo & dono divifionum d. Hu. de Vireu & vult recipere in divifionibus capituli, & hoc faciat pro fe & Poncio nepote fuo.

ITEM, anno Domini M° CC° LXXXX° fecundo, die mercurii in craftinum beati Johannis Baptifte *(25 juin 1292)*, concedunt dom. archiepifcopus, G(aufredus) decanus totumque capitulum Viennenfe, quod Albertus Menabos reddat computum de octo annis, videl. de debitis que in dict. octo annis remanferunt ad recuperandum, item quod ipfe reddat computum de duobus annis jam tranfactis & quod omnia ifta debita dictus A. reddat in fcriptis capitulo, capitulum vero dicta debita cedat alicui qui dicta debita recuperet.

§ Item, anno eodem & die, concordant quod dom. P. de Briort, G. de Balma, Hugo de Caftro Novo, obedienciarii de Reventins, fuper negocio Coyndo habeant plenariam poteftatem ordinandi, de confilio dom. G. Remeftayn, G. de Bello Vifu, P. de Marjays & Hu. cabifcoli, prout eis videbitur faciendum, & quidquid fecerint *(f° xxv)* & ordinaverint predicti archiepifcopus, decanus & capitulum exnunc habent ratum atque firmum.

§ Item, fuper reducione caftri de Pupeto eodem modo predicti poffint ordinare.

§ Item continuant capitulum ad negocia ecclefie & non poffunt graciam facere alicui.

§ Item, eodem anno & die mercurii in craft. b¹ Joh. Bapt., concedunt dom. Hugoni de Sayffuel quod ipfe poffit acenfare terras cultas & incultas quas habet a capitulo, que fuerunt Stephani de Chaponnay & tradant ei ad cenfum, quod inde figillentur littere, & denarios quos pro firmamento habebit ponat in conqueremento de confenfu capituli vel cuftodiat ad vitam fuam.

ITEM, anno Domini M° CC° LXXXX° III°, die jovis in. craftinum beati Johannis Baptifte (*25 juin 1293*), dom. G(uillelmus) archiepifcopus, G(aufredus) decanus totumque capitulum concordant quod G. decanus, A. archidiaconus, Guigo Remeftaynz, Hugo de Caftro Novo, G. de Bello Vifu, Hu. cabifcolus, (*d*) G. de Balma, Hugo de Saxeolo, G. Rovoyri & Bertrandus de Chanbrillan vel vi. ex iftis, de omnibus contencionibus & difcordiis que funt vel effe poffunt aliqua de caufa vel occafione inter capitulum noftrum Viennenfe & capitulum Romanenfe, poffint tractare, componere feu cognofcere de plano vel de jure vel alias amicabiliter concordare cum dicto capitulo Romanis vel cum illis canonicis quos dict. capitulum Roman. duxerint eligendos; & eft actum quod dicti vi. poffint tractare, tamen nichil poffint terminare nifi dicti x. concordaverint fi fint prefentes.

℥ Item, anno & die fupradict., dict. archiepifcopus, G. decanus totumque capitulum concordant & confenciunt donacioni quam dict. dom. G. archiepifcopus fecit Thome Anglico clerico fuo & benemerito, videl. de molendino de Veferonci, de vinea Allegraceri & Columberio, pro(ut) hec in litera donacionis continetur.

§ Item, eodem anno & die, Syboudus Rovoyri concedit dom. Guillelmo Coyndo canonico vineam fuam quam tenebat ex dono capituli precio xiii. libr. & x. fol., & renunciat quod fi ipfe fupervixerit dicto G., quod dict. capitulum poffit dict. vineam dividere, prout confuetum eft bona & redditus canonicorum decedencium inter ipfos dividere, & fi dict. Syboudus decedat ante dict. Guillelmum, quod dict. Guillelmus dict. vineam teneat ad vitam fuam & per annum ultra tanquam fi haberet ex dono capituli : fupradict. omnibus confenciunt G. decanus totumque capitulum in capitulo generali exiftentes; (*v°*) dicta vinea fita eft apud Acum, juxta vineam Johannis de Mayreuf quam tenet ex dono capituli.

ITEM, anno Domini M° CC° LXXXX° tercio, die lune in craftinum Carniprivii veteris (*8 mars 1294 n. ft.*), in capitulo generali per ipfum capitulum fuit concefla vinea de Acu, quam tenebat Johannes de Mayreu, dom. Bertrando de Chanbrillan canonico ejufdem loci ad vitam ipfius, pro patrocinio & obfequiis in caufis & negociis dicte ecclefie preftitis & preftandis per eumdem.

ITEM, anno Domini M° CC° LXXXX° quarto, in craftinum fefti Nativitatis beati Johannis Bauptifte (*25 juin 1294*), in capitulo generali quod tunc in ecclefia Viennenfi celebratum fuit, a dom. archiepifcopo & capitulo fuit data poteftas dom° Guig. Remeftayn feniori, d. Humberto cabifcolo, d. Aymoni de Fabricis & d. Matheo Remeftayn, quod ipfi de bonis & redditibus dicte ecclefie poffint graciam facere & remunerare prout eis videbitur faciendum illis a quibus mutuum recipient pro negocio ecclefie fupradicte, falvis & exceptis terris vacantibus *(d)* que dividende funt. In quo capitulo non fuit prefens dom. decanus.

ITEM, anno Domini M° CC° LXXXX° quarto, die lune poft Carniprivium vetus (*21 févr. 1295 n. ft.*), in capitulo generali, capitulum dederunt poteftatem dom. archiepifcopo, dom. decano, d. A. miftrali, d. A. archidiacono, d. Humberto de Saxeolo cabifcolo & d. Hugoni de Caftro Novo & d. Hugoni de Saxeolo, d. Guidoni de Bello Videre, d. Ay. de Fabricis & d. G. de Balma ordinandi quidquid eis aut majori parti ipforum videbitur faciendum fuper negocio regum Francie & Anglie, & promittunt tenere quidquid per dictos vel majorem partem ipforum fuper dicto negocio fuerit ordinatum feu factum, & volunt quod inde fiat littera bona figillo capituli figillanda, item fuper negocio Aynardi de Claro Monte.

§ Item dict. dom. G(uillelmus) archiepifcopus & capitulum dicto dom. decano, d. Odoni facrifte & d. H. cabifcolo dederunt poteftatem ordinandi de fefto Concepcionis beate Marie faciendo, prout eis videbitur faciendum.

§ Item continuatum eft dict. capitulum ufque in craftinum, videl. die martis poft dict. Carniprivium vetus, in mane ad tractandum de negociis ecclefie & faciendum de ipfis prout videbitur faciendum.

Item, anno Domini M° CC° LXXXX° quinto , die lune in *(f° xxvj)* craftinum Carniprivii veteris *(13 février 1296 n. ft.)*, per dom. archiepifcopum & capitulum fuit conceffum quod altare quod dotabit dom. Guigo Remeftaynz fenior , canonicus Viennenfis , fit & effe debeat canonico vel clerico de genere fuo, fi fuerit in dicta ecclefia & antiquiori tempore: fi vero non exftaret aliquis canonicus vel clericus de genere fuo, collacio dicti altaris ad capitulum debeat pertinere; fi vero aliquo intervallo non effet aliquis canonicus vel clericus in dicta ecclefia de genere ipfius dom¹ Guig. & poftmodum fit vel fuerit , mortuo illo cui tunc dict. altare per capitulum collatum fuerit, pertineat collacio ad canonicum vel clericum tunc de genere fuo, ficut fupradictum eft.

§ Item, fuit conceffum quod dom. Syboudus Rovoyri poffit vendere alicui canonico dicte ecclefie redditus quos percipit racione dicte ecclefie ad vitam ipfius & ementis , feu partem ipforum reddituum.

Anno Domini M°. CC° LXXXX° quinto, die falbati in craftinum fefti Nativitatis beati Johannis Bauptifte *(25 juin 1295)*, congregato capitulo ut moris eft , fuit continuatum ipfum capitulum generale ad negocia dicte ecclefie *(b)* ufque ad diem dominicam fequentem *(26 j.)*; qua die congregato ipfo capitulo, fuit data poteftas dom. decano, d. archidiacono, d. H. de Caftro Novo & d. A. de Chignino ordinandi de fervicio dicte ecclefie & de ftatutis factis, exceptis ftatutis de penis.

§ Item fuit data & conceffa libra canonici dom. Jaquino de Malavalle militi, dum prefens fuerit.

Anno Domini M° CC° LXXXX° VI°, die lune in craftinum fefti Natalis b¹ Johannis Baptifte *(25 juin 1296)*,

congregato capitulo ut moris eſt, in ipſo capit. generali
dom. Gauffridus decanus & capitulum dant & concedunt
dᵈ. Aynardo de Ciavayſone & Matheo Remeſtayn, concano-
nicis ſuis, illam eamdem poteſtatem quam alias eis data fuerit
& conceſſa per canonicos preſentes ſuper negocio canonicorum
quod vertitur inter dom. Humbertum Eſchanper presbiterum Viennen. ex una parte & dict. capitulum ex altera ,
prout in quadam littera alias ſuper dicta poteſtate data
& conceſſa , ſigillis dict. capituli & d. Humberti ſigillata,
continetur.

§ Item concedunt dom. Guillelmo de Sancto Sinphoriano ,
capellano majoris altaris Viennen., domum quam ipſe in-
habitat , ſitam in clauſtro Viennenſi , juxta furnum qui eſt
ante eccleſiam Beati Laurencii, cum honere ipſius, ad vitam
ipſius domⁱ G.

§ Item concedunt quod dom. Guido de Royns, canonicus Gracionopolit. , poſſit intrare chorum Viennenſem &
percipiat libram clerici majoris chori , ſicut prior Sancti
Valerii.

§ Item concedunt quod dom. Hodo ſacriſta poſſit exhonerare domum ſuam de aniverſariis & altaribus inpoſitis
ſuper ipſa & ponere pecuniam alibi in bono loco, prout ei
& dom. Humberto de Saxeolo cabiſcolo & d. Guill. de
Balma canonico Viennen. videbitur faciendum.

§ Item ſtatuunt quod aliquis canonicus vel clericus ex nunc
in antea caligas non deferat niſi nigras.

Item, anno Domini Mᵒ CCᵒ LXXXXᵒ ſexto, die dominico
in craſtinum feſti beati Mauricii (23 ſeptemb. 1296), congregato ad ſonum campane ut moris eſt capitulo, in ipſo capit. generali fuit data poteſtas per dom. archiepiſcopum &
capitulum dom. decano, d. ſacriſte & d. cabiſcolo ordinandi
de feſto Nativitatis & Concepcionis beate Marie.

§ Item, dom. Bertrando de Chanbrillan fuit conceſſum
quod, quandiu ipſe in ſcolis erit, habeatur pro reſidenti.

§ Item fuit data poteſtas dom. Hug. de Caſtro Novo, d.
Ay. de Fabricis & d. Humberto de Peladru, ut ipſi cum

dom. decano poffint *(d)* ordinare de querelis que vertuntur inter ipfum d. decanum & capitulum.

Anno Domini M° CC° LXXXX° fexto, die veneris in craftinum fefti Omnium Sanctorum *(2 novemb. 1296),* congregato capitulo ad fonum campane ut moris eft , fuit conceffum de gracia fpeciali dom. Gauffrido decano, quod ipfe quoad vixerit poffit habere unum canonicum dicte ecclefie bacalarium fecum ubicumque fuerit , qui habeatur pro refidenti quoad divifionem terrarum.

Anno Domini M° CC° LXXXX° VI°, die lune in craftinum Carniprivii veteris *(4 mars 1297 n. ft.),* congregato capitulo ad fonum campane ut moris eft, fuit conceffum quod magifter P. de Becio ponatur in majori choro, & fuit continuatum dict. capitulum ad negocia ecclefie ufque in diem martis fequentem.

Item, anno Domini M° CC° LXXXX° feptimo, die martis in craftinum fefti Nativitatis b¹ Johannis Baptifte (*25 juin 1297),* dom. G(uillelmus) archiepifcopus, dom. Gauffridus decanus & capitulum confirmaverunt mag. Johanni de Salpayffia clerico dicte ecclefie, ad vitam ipfius , duodecimam partem obedienciarie de Cuyllino & de Breyffenet fibi datam per d. Odonem facriftam, & concefferunt eidem mag. Johanni quod ipfe dict. xii^am partem ad vitam fuam habeat, etiam fi contingerit ipfum dicto d. facrifte fupervivere , & inde concefferunt fibi litteram.   *(fº xxvij)*

Anno Domini M° CC° LXXXX° feptimo, die lune in craftinum Carniprivii veteris *(24 février 1298 n. ft.),* in capitulo generali dom¹ G(uillelmus) archiepifcopus , Joffredus decanus & capitulum Viennenfe unanimiter concefferunt mag. Johanni de Salpayffia clerico Viennen., ut benemerito, quod ipfe ad vitam fuam habeat poft mortem magiftri Jo. de Monte Lupello, canonici Viennen., omnes redditus quos idem mag. Jo. de M. L. habuit ab ipfo capitulo in donis feu divifionibus terrarum, & etiam in vita ipfius mag.

Jo. de M. L. fi ipfe voluerit vel concefferit dicto mag. Joh. de Salpayfia.

§ Item concedunt dicti dom. archiepifcopus, d. decanus & capitulum, quod in fefto Nativitatis beate Marie ponatur fuper majus altare capud beati Mauricii, & quod fiat dict. feftum ficut alie feftivitates que non fiunt duplices, & quod duo canonici ponantur ad quorum ordinacionem degravetur feu exhoneretur dict. facrifta.

§ Item dicti d. archiepifcopus & capitulum dant poteftatem dom. decano, d. Humberto cabifcolo, d. Matheo Remeftayn & obedienciariis de Commenay ordinandi & ponendi mayne-(b)rium capituli, qui officium baftonarie faciat ficut alii maynerii feu baftonarii facere confueverunt, druellis omnino ceffantibus. Francifcus de Quinceu dixit quod volebat effe unus de predictis feu cum eifdem.

§ Item eft continuatum dict. capitulum per eofdem dom. archiepifcopum, decanum & capitulum die martis inftanti (*25 févr.*) in mane quoad ordinacionem de cuftodia caftri Pupeti, qua die martis dicti d. arch., d. dec. & cap. confefferunt d. Matheo Remeftayn, quod ipfe poffit exhonerare domum fuam de aniverfariis quibus eft honerata & ponere alibi in loco tam bono ydoneo, ita quod bene fit firmum & fecurum ecclefie de ipfis faciendis ; item concefferunt eidem quod habeat litteram quittacionis de quodam aniverfario de quo exhoneravit dict. domum & remanent tantum duo aniverfaria fuper eadem domo, pro quibus eft obligata.

Item, anno Domini Mo CCo LXXXXo octavo, die dominico in craftinum fefti Omnium Sanctorum *(2 novemb. 1298)*, in capitulo generali congregato ad fonum campane concefferunt dom. G. archiepifcopus & capitulum, quod Thomaffetus Lamare & Stephanus de Opere ponantur in choro fupperiori, in recompenfacione eorum in quibus erant gravati in aniverfariis fibi adcenfatis.

§ Item, fuit data poteftas dom. Alamando archidiacono, d. Guigoni Remeftayn feniori, d. Humberto cabifcolo, d. P. de Briorc, d. Antelmo de Chignino *(vo)* & d. Antelmo de Saxeolo quod electi & positi erant divisores terrarum quas tenuerat dom. Gauffridus decanus, ut ipsi usque ad diem jovis proximam inclusive dividant & dividere possint dict. terras & assignare canonicis, prout est fieri consuetum, & illis qui equos tenent & tenuerint remunerare secundum quod eis videbitur faciendum & remunerandum, & durat huj^{di} potestas usque ad dict. diem inclusive & non ultra.

§ Item dict. capitulum dat potestatem dicto dom° archiepiscopo, dom. Alamando archidiacono, d. P. de Marjays, d. Guig. Remestayn seniori, d. Humberto cabiscolo, d. P. de Briore, dom. G(aufredo) decano Valencie, d. Jacobo de Coyndo, d. Guig. Remestayn juniori & d. Syboudo Rovoyri eligendi & creandi omnes concorditer decanum usque ad diem dominicam proximam inclusive, & die mercurii sequenti ipsum pronunciandi, si omnes insimul concordaverint de decano; vel si non concordaverint, ad creandum de novo ipsum decanum est continuatum dict. capitulum *(d)* usque ad dict. diem mercurii.

ANNO Domini M° CC° nonagesimo VIII°, die lune Carniprivii veteris *(9 mars 1299 n. st.)*, in capitulo generali congregato ad sonum campane ut moris est, fuit per dom. G(uillelmum) archiepiscopum & capitulum concessum d. Martino phisico, curato ecclesie de Turre, quod ponatur in choro dicte ecclesie.

§ Item fuit data potestas d. Guigoni Remestayn & d. H. cabiscolo ordinandi de altaribus.

§ Item fuit continuatum dict. capitulum quoad negocia dicte ecclesie usque in diem martis crastinam ante prandium. —Qua die martis *(10 m.)* ante prandium, congregato capitulo ad sonum campane ut moris est, per dict. capitulum fuit data potestas dom° G. archiepiscopo, dd. Alamando archidiacono, P. de Marjays, Guig. Remestayn seniori, Hug. de Castro Novo, P. de Briort, H. cabiscolo, Ay. de Fabricis, Guidoni de Bello Videre, Guig. Remestayn juniori & Hug. de Saxeolo tractandi per ipsos vel majorem partem

ipforum & ordinandi de juribus dicte ecclefie , requirendi &
de injuriis & dampnis eidem ecclefie datis, prout eis videbitur pro comodo dicte ecclefie faciendo & expediendo; & promiferunt, videl. dict. d. archiepifcopus & dicti dd. *(fº xxviij)*
P. de Marjays & G. de (Be)llo Videre bona fide & alii predicti fuperius nominati & infrafcripti per juramentum, ordinacionem quam fuperius nominati omnes vel major pars
ipforum facient de predictis, ut dictum eft, tenere. Hii funt
alii dd. canonici qui juraverunt: dom¹ G(uillelmus) prepofitus de Graffa, G. de Saxeolo, Hugo Refcuynz, H. de Pey-
raudo, G. Coyndos, Poncius de Roaneys, G. Rovoyri, Si-
boudus Rovoyri, Albertus Lombardi, G. Remeftaynz, H.
de Peladru, G. de Befanz, Matheus Remeftaynz, Antelmus
de Chignino, Antelmus de Saxeolo, Poncius de Lignone &
Guelifius de Auriolo.

§ Item fuit data poteftas per dict. dom. archiepifcopum &
dict. capitulum domº H. de Peladru recipiendi feudum a
Petro Ervys domicello & inquirendi de eodem & de rebus
que fuerunt dom¹ G. Dudini, que funt de feodo dicte ecclefie; & fuerunt proteftati conquerentes de divifionibus terrarum quas tenuerat dom. decanus, quod ipfi non poffint
compelli ad eundum vel profequendum nec ad aliquid ponendum de fuo, donec fibi fatisfactum fuerit de gravaminibus
fibi factis in dict. divifionibus. — Item proteftati funt dom.
G. & A. de Saxeolo, quod non poffint compelli ad eum-
dum vel fequendum nec ad aliquid de fuo ponendum; &
dom. Guido de Bello Videre eodem modo proteftatus eft,
donec fibi fatisfactum fuerit de querelis fuis.   *(b)*

ANNO Domini Mº CCº LXXXXº nono, die lune in fefto
Revelacionis beati Stephani *(3 août 1299)*, congregato
capitulo ad fonum campane ut moris eft, fuit data poteftas
per dd. canonicos infrafcriptos, videl. Alamandum archidiaconum, P. de Marjays, Guig. Remeftayn feniorem, Hug.
de Caftro Novo, P. de Briorc, G. facriftam, Hu. de Pey-
raudo, G. de Saxeolo, Poncium de Roanneys, Syboudum
Rovoyri, G. Coyndo, G. Rovoyri, Albertum Lombardi,

Guig. Remeſtayn juniorem, Hug. de Saxeolo, Math. Remeſtayn, G. Remeſtayn, Hug. Reſcuyn, G. de Beſant,
Poncium de Saxeolo, Poncium de Lignone & Antelmum de
Chignino, dom° archiepiſcopo & aliis, quibus die martis
poſt Carniprivium vetus & die lune in craſtinum ejuſdem
Carniprivii a capitulo generali continuata poteſtas data
fuerat de juribus ecclefie requirendis, deffendendis & ſalvan-
dis, eadem poteſtas que eiſdem data fuerat & promiſerunt ſe
tenere & c., & fuit conceſſum quod inde fiat littera capituli;
& ſuper poteſtate data dd. Guig. Remeſtayn juniori & Antelmo de Chignino fiat littera capituli.   *(v°)*

Anno Domini mill'o tricenteſimo viceſimo octavo, die
veneris in craſtinum beati Mauricii *(23 ſeptemb. 1328)*,
qua die conſuevit generale capitulum celebrari in eccleſia
Viennenſi, dd. B(ertrandus) archiepiſcopus, G(uillelmus)
decanus & totum capitulum volunt, concedunt & ordinant
per modum qui ſequitur : videl. quod ſuper ſtatutis obſervandis, corrigendis, tollendis, mittigandis, interpretandis
vel augmentandis & ſuper penis ſtatutorum obſervandis,
item & ſuper querimoniis canonicorum conquerencium de
diviſionibus terrarum olim factis ſupplendis & ordinandis,
item ſuper taxacione locorum & obedienciariarum capituli
facienda, item ſuper aniverſariis debitis recuperandis,
habeant poteſtatem plenariam & ſpeciales commiſſarii ſint
dominus noſter dom. archiepiſcopus Viennenſis ac dom¹ Jacobus Vetule, P. de Verneto, G. de Viriaco & Guigo ſacriſta, cum poteſtate prorogandi data eiſdem dom. predictis
uſque ad Paſca proximum & non ultra.

   § Item ordinant & volunt quod facta reſignacione libera
per Hugonem de Malo Becco, canonicum Viennenſem, de
canonicatu ſuo Viennenſi, quod Aynardus de Malobecco
frater ſuus ſit canonicus exnunc *(d)* loco ſui in eccleſia Viennenſi & habeat titulum ſubdiaconi.

   § Item creant exnunc in canonicum & in fratrem libere &
proprio motu in eccleſia Viennenſi dom. Guillermum de
Sura, archidiaconum Lugdunenſem.

§ Item creant in canonicum & in fratrem in ecclesia Viennensi Henricum de Castellione , clericum Viennensem ,
filium nobilis viri Johannis de Castellione, domini de Chau-
taygni, de gracia speciali & habeat titulum subdiaconi.

§ Item volunt & concedunt quod Guillermus Albi de
Foreysio, virtute gracie sibi facte per summum pontificem ,
sit canonicus ecclesie Viennensis exnunc & ipsum recipiunt in
canonicum & in fratrem, ita tamen quod ante festum beati
Johannis Baptiste proximum non habeat nec habere possit
vocem in capitulo, nec fidelitatem ecclesie faciat assuetam. -

§ Item dant potestatem plenariam dom. archiepiscopo &
mistrali recipiendi in canonicum & in fratrem in ecclesia Viennensi Guiotum filium Gileti Coperii , prout *(f° xxix)* eis
placuerit & sibi videbitur expedire.

§ Item volunt & concedunt quod dd. Johannes de Fuer
& Guillermus Albi de Foreysio canonici habeant & eis im-
ponunt titulum dyaconi.

§ Item faciunt ebdomadarium majoris altaris in ecclesia
Viennensi dom. Petrum de Genas presbiterum & percipiat
vij. denarios in libra.

§ Item continuant capitulum ad negocia ecclesie facienda
& reformanda , ad supplicaciones capitulo factas legendas &
ad earum tangencia exequenda, excepta creacione quacum-
que ibidem facienda, ad diem dominicum proxime se-
quentem.

Qua die dominica post festum beati Mauricii *(25 sept.)* ,
continuato capitulo prout supra , volunt & concedunt dd.
archiepiscopus, decanus & capitulum quod dd. Humbertus
de Claromonte archidiaconus & Guigo Romestaygns tractent
& sint tractatores cum capitulo Lugdunensi super unione ,
confederatione, questionibus hinc & inde & concordia capi-
tulorum Viennensis & Lugdunensis, & quicquid tractaverint
referant *(b)* capitulo generali in crastinum Omnium Sanctorum proximum.

§ Item ordinant & pronunciant ibidem dd. B. archiepiscopus & Syboudus mistralis Viennensis , ex potestate eis

data per capitulum generale ut fupra , quod facta refigna-
cione libera per Petrum de Roffyllione vel ejus procuratorem
ydoneum de canonicatu Viennenfi, quod Guiotus filius
Gileti Coperii fit canonicus Viennenfis ufque ad quinque
annos a data prefenti continue numerandos & non ante , &
fub modis & formis quibus conceffum eft canonicis creatis
in creacione facta die veneris poft feftum beati Mauricii
proxime preteritum in capitulo generali, que creacio inferius
continetur.

CREATIO CANONICORUM FACTA.

IN nomine Domini Jhefu Xpifti , amen. Nos Bertrandus
Dei & apoftolice fedis gracia fancte Viennenfis ecclefie
archiepifcopus, G(uillelmus) de Claro Monte decanus totumque capitulum ejufdem ecclefie notum facimus univerfis
prefentes litteras infpecturis, quod anno Domini mill'o tricentefimo vicefimo octavo , die veneris poft feftum feu in
craftinum beati Mauricii predicta (23 feptemb. 1328) , in
noftro capitulo generali proxime dicto, qua die confuetum
eft in dicta ecclefia generale capitulum celebrari, attendentes unanimiter fanctam Viennenfem ecclefiam effe debito canonicorum obfequio defolatam, nolentes quod ibidem cultus
divinus minuatur fed pocius augmentetur , & ob hoc volentes procedere ad creationem & ordinationem canonicorum
faciendam in noftra ecclefia Viennenfi, volumus, ftatuimus
& ordinamus quod fiat canonicorum creatio & ordinatio
per nos in dicta ecclefia Viennenfi per modum qui fequitur :
videl. ut quilibet canonicus dicte ecclefie de majori choro refidens poffit & debeat (d) unum canonicum quem voluerit ,
dum tamen fit de nobili genere ab utroque latere licet mino-
ris etatis, nominare, facere & creare hinc ad diem craftinam fefti Omnium Sanctorum proximi per totam diem
craftinam inclufive ; quos quidem canonicos nominandos &
creandos per noftrum quemlibet, ut inferius continetur &
modis & formis quibus fupra & infra, exnunc ut extunc & extunc ut exnunc in noftro capitulo generali facimus, eligimus &
creamus de comuni confenfu in canonicos & in fratres, ita

tamen quod quilibet ipforum canonicorum creandorum &
nominand. juret & jurare teneatur in receptione fua quod
ad ordines fibi inpofitos vel inponendos & ftatutis temporibus infrafcriptis per ipfum capitulum vel ejufdem capituli
commiffarios quando voluerit uti jure canonie fe faciat promoveri, elapfo tamen prius quinquennio continuo & non ante
a data prefencium numerando, & quod nullus creandorum &
nominandorum canonicorum poffit afcendere chorum majorem nifi prius elapfo dicto quinquennio, & quoufque ordines fibi inpofitos vel inponendos fucceperit ; nec eciam habere poffit vocem in capitulo nec in divifionibus terrarum
percipere, nec ordines fibi inpofitos vel inponendos ante dict.
quinquennium finitum fuccipere, & fi affumeret vel jam af-
fumpfit, quod pretextu ordinum predict. non affequeretur jus
canonie nec prejudicetur in aliquo ordinationi feu creationi
predicte. (fº xxx) ? Adicientes infuper & ordinantes ex eo
quia Viennenfis ecclefia viris litteratis multipliciter nofcitur
indigere , quod ipfi canonici creandi & nominandi adifcant
litteratorie & in fcolis converfentur per dict. quinquennium
ut fibi ipfis & ecclefie poffint magis proficere infuturum.
§ Volentes & ordinantes infuper quod omnes, tam prefentes
canonici quam abfentes qui refidentes dici debent, nominare
poffint & creare quandocumque fuum canonicum per fe vel
per procuratorem fuum ydoneum hinc ad diem craftinam
fefti Omnium Sanctorum proximi inclufive per totam
diem & fcribi nomina creandorum faciant per notarium capituli, vocato refecturario dicti capituli; & fuper infamia
cujuflibet nominati & creati fi contingat, quod abfit, fletur
ordinationi dd. archiepifcopi & decani, alioquin elapfo dicto
termino eifdem omnibus qui creare & nominare recufaverint
omnis audiencia fuper hiis denegetur. § Ordinantes & decla-
rantes quod fi qui fint qui litteras fub figillo capituli habeant,
quod in prima creatione canonicorum debeant fieri canonici
in ecclefia Viennenfi, vel fint , quod ipfi jus fuum, fi quod
habent in (b) canonia virtute dicte gracie, habeant & obti-
neant elapfo prius dicto quinquennio & non ante, ficut alii

canonici creati feu creandi & nominandi in creatione prefenti
& fub modis, formis & conditionibus fuperius declaratis &
inferius declarandis.

Canonici vero qui pro refidentibus habentur funt hii:
videl. dom. archiepifcopus, dom. G. de Claromonte decanus,
d. Albertus Lumbardi precentor, d. Lambertus de Chandeu
fubcentor, d. Guigonetus Romeftaygns, d. Jacobus Archin-
jautz, d. Francifcus Lumbardi, d. Jacobus Vetule, d. Syboudus de Claromonte miftralis, d. Aynardus de Crollis,
d. Richardus de Chaufenc, d. Ervyfetus de Peladru, d.
Raynardus de Balma, d. Aynardus d'Anjo, d. Petrus de
Verneto, d. Guigo facrifta, d. Ardenchonus, d. Guillelmus
de Viriaco, d. Humbertus Lombardi cabifcolus, d. Johannes de Clavayfone, d. Arthaudus de Salfacco, d. Guillelmus
de Maloc bacallarius. Qui predicti dd. archiepifcopus, decanus & canonici, volentes juxta creationem & ordinationem
predict. nominare & creare fuum canonicum prout decet,
nominant & ordinant ut inferius continetur: (vo) Unde primo
rev^dus in Xpifto pater dom. Bertrandus archiepifcopus nominat & creat in canonicum & in fratrem in dicta Viennenfi ecclefia pro fe, videl. dom. Hugonem de Laviaco de Reviria
presbiterum, item & Petrum de Laviaco de Reviria clericum de gracia..; item dom. G. de Claromonte decanus nominat & creat in canonicum pro fe Ludovicum, filium nobilis
viri dom. Joffredi domini Claromontis, & Bonifacium de
Augufta, filium quondam dom. Yblonis de Augufta, domini de Chalantz, de gracia, nepotes fuos; item idem dom.
decanus, ex poteftate fibi data per ven^les viros dd. Humbertum de Claromonte, archidiaconum Viennenfem, & Syboudum de Claromonte miftralem, fratres fuos & mandato
ipforum prefencium & volencium feu mandancium coram
notario capituli & dom° Humberto Lumbardi refecturario..,
creat & nominat duos canonicos, videl. Aynardum de
Vireu, filium dom. Alberti de Viriaco, domini Fabricarum,
clericulum & d. Petrum Moyrodi presbiterum; item dom.
Albertus Lumbardi precentor creat & nominat in canonicum

pro sed. Guigonem Rollandi presbiterum Viennensem, nepotem *(b)* suum; item dom. Lambertus de Chandeu subcentor creat & nom. in canonicum pro se Petrum filium nobilis viri dom¹ Johannis domini de Chandeu, nepotem suum; item dom. Guigonetus Romestaygnz creat & nom. pro se in canon. Aymarum de Borseu clericum Viennensem; item dom. Jacobus Archinyautz per procuratores suos ydoneos ad hoc constitutos, videl. d. Guigonetum Romestaygn canonicum & Bartholomeum de Valleta clericum, creat & nominat & ipsi procuratores sui... in canonicum Diderium Arthoudi, filium dom¹ Johannis Arthoudi de Chasta militis, clericum; item dom. Franciscus Lumbardi creat & nom. in canonicum pro se Hugonetum Lumbardi, filium Raymondi Lumbardi, clericulum Viennen. nepotem suum; item dom. Jacobus Vetule creat & nom. pro se in canon. Petrum, filium dom¹ Johannis Vetule militis, nepotem suum; item dom. Aynardus de Crolliis creat & nom. in canonicum pro se Petrum filium dom¹ Humberti Romestaygn militis; item dom. Richardus de Chausent, sacrista Romanis, per procuratores suos ydoneos ad hoc constitutos, videl. dd. Guigonem de Amaysino sacristam Vienne & Guillermum de Viriaco *(fº xxxj)* canonicos, creat & nominat & ipsi procuratores sui... in canonicum Gotafredum Rostandi, filium Petri Rostandi, nepotem dicti d. Richardi; item dom. Hervysius de Peladru creat & nom. in canonicum pro se Humberthetum, filium Guillelmeti de Fabricis, clericulum Viennensem; item dom. Raynardus de Balma nom. & creat pro se in canon. Henricum, filium dom¹ Johannis de Balma militis, clericulum Viennen., nepotem suum; item dom. Aynardus d'Anjo nom. & creat pro se in canon. Arthaudum, filium dom¹ Hugonis de Peladru militis; item dom. Petrus de Verneto creat & nom. pro se in canon. Poncium dictum Chopart, fratrem domini de Rochibaron, clericum Viennensem; item dom. Guigo de Amaysino sacrista creat & nom. in canonicum pro se Johannem, filium dom¹ Humberti de Amaysino militis, nepotem suum; item dom. Guillelmus de Viriaco

creat & nom. pro fe in canon. Johannem de Viriaco, clericum Viennen., fratrem fuum; item dom. Humbertus Lumbardi cabifcolus creat & nom. in canonicum pro fe Bertho-
num, filium Raymondi Lombardi, nepotem fuum; item
dom. Johannes de Clavayfone nom. & creat in canonicum
pro fe Arthaudum Alamandi, filium Guillelmoni Alamandi, nepotem fuum; item dominus Arthaudus de
Salfac creat & nominat in canonicum pro fe Helye-(b)to-
num de Salfac, clericum Viennenfem, fratrem fuum; item
dom. Guillelmus de Maloc nom. & creat in canonicum pro
fe Johannem de Maloc, filium dom¹ Guillelmi de Maloc militis, nepotem fuum; item dom. Ardenchonus de Valentia,
mandato & auctoritate dd. Humberti de Claromonte archidiaconi, Guig. Romeftaygn & Raynardi de Balma, commiffariorum ad hoc per capitulum deputatorum eidem d.
Ardenchono, prout in litteris fub figillis eorundem ac etiam
in papiru prefenti ipfius capituli infra continetur, nominat
& creat in canonicum pro fe Johannem filium Ardenchii
de Valencia, fratrem fuum. Qui omnes & fingulariter finguli
nominati & creati ut fupra jurare teneantur & jurent in
recepcione fua quod contenta omnia in creatione predicta
in fingulis fuis articulis teneant & obfervent firmiori modo
quo poterit explicari. Fuit autem poftea ordinatum quod
omnes predicti nominati & creati in canonicos ut fupra,
inftallati prius in choro ecclefie & facta & lecta per quemlibet eorumdem fidelitate ecclefie affueta, in continenti dum
prefentes fuerint diftributiones cothidianas ut alii canonici
percipiant & percipere debeant, ut eft moris: fuftancia &
forma predicte creacionis ut fupra quantum ad alia in aliquo
non muttata. Volentes & expreffe intelli-(v°)gentes quod, fi
in predictis effent vel fint aliqua dubia vel obfcura, injufta
vel iniqua, quod in declaratione & ordinatione capituli remaneant & debeant remanere, correctione & ordinatione
fedis apoftolice, cui nunc & femper volunt deferri, in predict.
omnibus femper falvis. (CHARVET, *p. 462 ss.*).

ANNO Domini mill'o tricentefimo vicefimo octavo, die
mercurii in craftinum Omnium Sanctorum *(2 novemb.*
1328), qua die confuevit generale capitulum celebrari in
ecclefia Viennenfi, reverendus dom. Bertrandus archiepifcopus, G(uillelmus) de Claromonte decanus totumque capitulum Viennenfe creant exnunc prout extunc Joffredum, filium
nobilis viri dom¹ Joffredi domini Claromontis, in canonicum & in fratrem in ecclefia Viennenfi de gracia fpe-
ciali.   *(b)*

§ Item volunt & concedunt quod Thomas, clericus dom¹
archiepifcopi, ponatur clericus in ecclefia Viennenfi, dicti
dom; archiepifcopi precaminum interventu.

§ Item faciunt commiffarios fuos dd. Humbertum de Claromonte archidiaconum, Guigonem Romeftaygn & Raynar-
dum de Balma, & eifdem dant liberam poteftatem fuper eo
quod dom. Ardenchonus, canonicus virtute creationis canonicorum nuper facte, poffit & debeat creare & nominare
Johannem, filium Ardenchii de Valentia, fratrem fuum pro
fe in canonicum & in fratrem in ecclefia Viennenfi, non
obftantibus contentis in creatione predicta de nobilibus ab
utroque latere creandis & etiam nominandis, & quod poffit
eumdem nominare & creare ufque ad capitulum generale
Carniprivii veteris proximi inclufive & interim quandocumque.

§ Item concedunt & dant liberam poteftatem dom. Guigoneto Romeftaygn & fpecialem ad hoc commiffarium faciunt inquirendi & ordinandi fuper feodo, recognitione feodi
& ejus retentione, quod feodum *(f° xxxij)* tenet ab ecclefia
Viennenfi Guichardetus de Bocoffello apud Valarnout, quod
feodum olim tenebat ab eadem ecclefia Guiffredus Gar-
cini domicellus.

§ Item volunt & concedunt ad preces dom¹ archidiaconi
Lugdunenfis, quod quidam clericus dicti dom¹ archidiaconi,
videl. ille quem prefentare voluerit cabifcolo, dum tamen
fit ydoneus, ponatur clericus in ecclefia Viennenfi.

§ Item volunt, concedunt & dant auditorem & cogni-

torem reverendum dom. B. archiepifcopum Viennenfem, fi
virtute litterarum quas habent, ut dicitur, a capitulo figil-
latas, videl. Giletus de Monte Canuto, Alamandus de Bel-
femblant, Humbertus de Befant & Guichardus filius domt
Johannis Alamandi militis, debent recipi in canonicos & in
fratres in ecclefia Viennenfi necne, videl. fub forma & modis
contentis in creatione canonicorum nuper facta, & quod
fuper predictis idem dom. archiepifcopus poffit cognofcere
de jure vel equitate, declarare feu etiam ordinare.   *(b)*

ANNO Domini mill'o CCCᵒ XXXIIIᵒ, die dominico poft
feftum beati Mauricii *(26 feptemb. 1333)*, continuata
in capitulo generali diei fabbati precedentis a die jovis in
craftinum beati Mauricii & veneris dict. diem dominicam
precedentibus, ut in alia papiru capituli continetur, ven^les viri
dd. Raynaldus de Balma precentor, Humbertus Lombardi
fcapifcolus, Ervyffius de Peladru, Jocerandus de Venchia
& Arthaudus de Salfac, commiffarii dati a capitulo Viennenfi ad inponendum titulos facrorum ordinum novis canonicis creatis titulum non habentibus, de confilio & affenfu
ven^lis viri dom^t Humberti de Claromonte archidiaconi in
ecclefia Viennenfi requifito, una cum domᵒ Johanne de Char-
boneriis concanonico abfente extra civitatem Vienne, affignata
hora inter eofdem commiffarios unanimiter ipfa die dominica in mane, in capitulo, ut afferunt, ad procedendum
fuper commiffione fibi facta per capitulum ad inponendos
titulos facrorum ordinum eifdem canonicis creatis ex poteftate fibi data, ut *(vᵒ)* fuperius continetur, de confilio &
affenfu dicti d^t archidiaconi prefentis, inponunt eifdem canonicis creatis de novo titulos facrorum ordinum infrafcriptos, modis & formis infrafcriptis dumtaxat & non aliter:
videl. quod quilibet canonicorum creatorum, fufcepto fibi
ordine inpofito vel inferius per eos inponendo, majorem
chorum non afcendat nec poffit afcendere nec vocem habere
in capitulo, donec primitus folverit nomine cape fue firice &
pro capa in fubfidium ecclefie viginti folid. grofforum Turon.

argenti regis Francie Jacobo Nicholay clerico Viennen.
nunc ad hec levanda deputato, nec poffit alicui ex eifdem de
hiis folvendis terminus prorogari, & fi forte aliqui fint canonici creati jam presbiteri, quod eciam quilibet ipforum
folvat xx^{ti} fol. gross. Turon. predictos antequam vocem
habeat in capitulo feu habere poffit, remoto cuilibet ipforum
de dicta fumma valore cape vel pecunie fi quam reperiatur
ipfum folviffe vel feciffe temporibus retroactis; retinentes
dicti commiffarii fibi poteftatem declarandi, interpretandi,
(b) corrigendi, fi qua dubia fuerint in predictis. Cui ordina-
cioni & inpoficioni infrafcript. titulorum facrorum ordinum
perlectis in capitulo, factis & ordinatis hac die dominica affignata & capitulo continuato ut fupra, capitulum Viennenfe
ad fonum campane convocatum, ut moris eft, confentit
& ea omnia approbat, ratifficat & confirmat, excepto dom°
Hugone de Infula concanonico qui, lecta pronunciacione &
ordinacione dict. commiffariorum & perlectis titulis infrafcriptis, diffenciit.

SEQUITUR ORDINACIO TITULORUM.

Primo ifti funt presbiteri: Hugo de Lavyaco, Petrus
Moyroudi, Guido Rollandi, Johannes filius dom^i G. de
Maloc, Amedeus de Brianczon filius domini de Varfia,
Humbertus de Bleterento.

Ifti qui fecuntur funt dyaconi: Petrus de Lavyaco de Revi-
ria, Aymarus de Borfeuz, Johannes Ardenchii de Valencia,
(f° xxxiij) Guiotus filius Gileti Coperii, Alamandus de Bel
Semblant, Humbertus de Befantz, Guichardus filius dom^i
Johannis Alamandi, Johannes Boudeti, Guigo filius dom
Humberti Remeftayn, Guigo filius dom^i Antelmi de Lantz.

Ifti funt fubdiaconi: Ludovicus filius domini Clarimontis,
Bonifacius de Augufta, Aynardus filius domini Fabricarum,
Petrus filius domini de Chandeuz, Difderius filius dom^i Joh.
Artoudi, Hugoninus filius Raymondi Lombardi, Petrus
filius dom^i Johannis Vetule, Petrus filius domi Humberti
Remeftayn, Gotafredus Roftaygni, Humbertus filius Guil-
lelmeti de Fabricis, Henricus filius dom^i Johannis de Balma,

Arthaudus filius dom[i] Hug. de Peladru, Poncius dictus Chopars filius domini de Rochi Baron, Johannes filius dom[i] G. de Viriaco, Bertonus filius Raymondi Lombardi, Arthaudus filius Guillelmonis Alamandi, Helietonus de Salfac, Aynardus de Malobecco, Henricus filius domini de Chaftillone, *(b)* Joffredus filius domini Claromontis, Giletus de Montecanuto, Odo frater domini de Turnone, Guido filius condam Ay. de Peladru, Matheus filius dom[i] Johannis de Balma, Petrus Micte nepos dom[i] Poncii Micte, Bonifacius filius Jaqueti de Saxeolo, Guigo de Torchifellone, Guigo de Amayfino nepos dom[i] G. facrifte, Hugo filius dom[i] de Briffiaco.

Ita eft: P. de Byol, notarius capituli.   *(f° xxxiiij)*

APUD VIENNAM, DE MONETA ET DE EJUS CIRCUNSTANCIIS[1].

Sciendum quod moneta *(f° xxxv)*... archiepifcopo.

DE CENSU LAPIDIS. — Ad notitiam omnium volumus pervenire, quod menfura grani ad dominum archiepifcopum fpectat abfolute, & omnes illi qui non habent domum in hac civitate ufagium lapidis tenentur perfolvere : ufagium tale eft quod de octo fextariis debetur unum meiter, de quatuor fextariis duas coppas, de duobus fextariis unam coppam, de fextario quatuor amboftaes, de emina duas, de quartallo unam, de meyterio nihil; & nota quod les amboftaes debent levari cum vafe ferreo, quod eft ibi ad hoc ordinatum.

DE CENSU SALIS. — Certum eft quod quicunque vendit falem in hanc civitatem debet dom° archiepifcopo cartam falis, fcilicet tertiam partem fextarii reddere in fefto fancti Andreæ, & nuncius archiepifcopi debet unicuique duos nummos.

DE CUTELLIS. — Omnes fabri hujus civitatis debent dom° archiepifcopo quilibet tres cutellos in Natale Domini vel novem denarios dare.

(1) Le texte de cette *notice* a été publié par CHARVET d'après ce ms. *(Hift.*, p. 373-5); nous l'aurions reproduite ici plus correctement fi nous n'en avions déjà offert ailleurs la collation *(Documents inédits relatifs au Dauphiné*, t. II, 7° livr., p. 22, n. 1). — Elle fe trouve tranfcrite dans le V° reg. ms. de VALBONNAIS (n° 137) d'après un ms. différent *(Cartul. de l'archevêque de Vienne?* f° 57), qui contenait en outre les articles que nous donnons ici.

DE CINGULIS.—Omnes cordarii hujus civitatis debent duos cingulos & duos fupercingulos & unam cordam in Natale Domini.

DE SOLEIS. — Omnes futores hujus civitatis debent dom° archiepifcopo quilibet per fe unum foleas quolibet menfe, & debetur eis denarius.

DE SALCIS.—Omnes piftoriffæ debent quælibet tres denarios pro falce in fefto fancti Johannis Baptiftæ.

DE PANNIS D'ANNONAY. —Mercatores pannorum d'Annonay in nundinis Omnium Sanctorum debent dom° archiepifcopo quilibet per fe tres ulnas panni d'Annonay, & debentur cuilibet XII denarii.

DE CARPENTARIIS. — Omnes carpentarii qui operantur in hac civitate tempore vindemiarum debent dom° archiepifcopo unum jornale vel duos nummos folvere, fi nuncius archiepifcopi maluerit.

DE CIRCULIS.—Omnes qui ducunt circulos venales in hanc civitatem tempore vindemiarum debent dom° archiepifcopo honus afinarium circulorum, & debetur cuilibet quatuor denarios.

DE NUMMULARIIS. — Omnes nummularii alieni qui non habent domum in hac civitate debent dom° archiepifcopo quilibet per fe duos folidos.

DE MERCIBUS. — Illi qui vendunt merces fuper pontem, qui non habent domum in hac civitate, debent dom° archiepifcopo duo eloquearia vel unam podigiam fingulis diebus fabbati Quadragefimæ & Adventus.

DE OLLIS.—Similiter eodem tempore illi qui vendunt ollas debent unam ollam dom° archiepifcopo.

DE LAMPREDIS. — Illi qui capiunt lampredas adcelatas debent dom° archiepifcopo unam lampredam. *(b)*

SECUNTUR ECCLESIE QUE SUNT IN CIVITATE SEU IN DYOCESI VIENNENSI DE PATRONATU ET AD PRESENTACIONEM DD. DECANI ET CAPITULI ECCLESIE VIENNENSIS...[1].

---

(1) Ce pouillé a été publié par nous, d'après ce ms., dans la même collection de *Documents inédits* (t. II, 7° livr., p. 22-5).

INCIPIUNT FEODA ET RECOGNITIONES SANCTE ECCLESIE VIENNENSIS.

NOTUM fit omnibus prefentibus & futuris, quod anno Domini M° CC° XL° I, xv. kalendas decembris *(17 novemb. 1241)*, dom^{us} Jo(hannes) archiepifcopus & G(uigo) facrifta, & Jacelmus de Turre & Jo. de Arenis, canonici Viennenfes, nomine capituli Viennenfis receperunt caftrum de Mantalia in recognitione directi dominii a Guichardo de Condreu milite, & vexillum fancti Mauricii fuper turrim pofuerunt. Et recognovit dictus G. quod quandocumque & quocienfcumque a predictis archiepifcopo & capitulo vel eorum nuntio fuerit requifitus, nullo expectato confilio, nullis petitis induciis, libere & quiete debet eis reddere dictum caftrum: & fi vel ipfe vel aliquis de dicto caftro dampnum aliquod fuftinuerint occafione guerre vel difcordie quam haberent dicti archiepifcopus & capitulum, nullam teneretur eis facere emendam; item confeffus eft dictus G. quod quando redditur dictum caftrum, ipfe & dominus qui in dicto caftro pro tempore fuerit debet extra totam munitionem dicti caftri cum tota familia fua ma-(b)nere, & nullum de fuis ibidem dimitere quamdiu dictum caftrum tenuerint vel teneri fecerint archiepifcopus & capitulum fupradicti. Teftes vocati & rogati ad hoc fpecialiter interfuerunt: Guigo de Colfas miles, B. de Pifcaria archipresbiter, Stephanus de Monloel, Hugo de Montor & magifter P. Lumbardi, clerici Viennenfes; item filius dicti

Guichardi, Hugo de Chaunas, B. d'Auries, P. de Portu, Hubertus Porta, P. de Monluel & plures alii. — § Item, in craſtinum receperunt predicti archiepiſcopus & canonici Viennenſes eodem modo & ſub eiſdem recognitionibus, de mandato Gaufreidi de Moyrenc, Caſtrum Novum ſuper Galauro & caſtrum de Rateriis[1].— § Item, die jovis proximo ſequenti, Jacel. de Turre et J. de Arenis canonici & Stephanus de Monluel clericus Viennenſes receperunt ſub eiſdem recognitionibus & condicionibus caſtrum de Creſpol a Syboudo domino de Claro Monte, & vexillum ſancti Mauricii in turre poſuerunt, preſentibus teſtibus[2]: Symondo Rovoyri, P. Ardent, B. Roſtagni, militibus, (v°) Jordano de Creſpol, Erviſius de Peladru, Deſiderio Roſtaigni, P. de Monluel & multis aliis.   (CHARVET, *p. 391*).

RECOGNITIO BERLIONIS DE MONTE FALCONE ET FEODUM.

ANNO Domini M° CC° XL. I°, menſe marcii, die martis poſt Carniprivium vetus (*11 mars 1242 n. ſt.*), in refectorio, preſente dom° Jo(hanne) archiepiſcopo & aliis canonicis in generali capitulo exiſtentibus, Berlio de Mont Falcon miles, requiſitus a capitulo quod quicquid tenet ab eccleſia Viennenſi recognoſceret & diceret, recognovit ſuper hoc preſtito juramento quod clauſum de Chatonnay, quod eſt apud Ornaceu juxta clauſum ſuum, & 1. em(inam) frumenti cenſualem & IIII°ʳ pullos a Somonz, que tenet Guillelmus Romonz & P. Zerzeus, & VI. denarios cenſuales quos tenet Huber. Borno, & 1. campum juxta grangiam quem tenet Melioretus; ¿ item XII. den. cenſual. in vinea Guillelmi Borrel que eſt de rebus G. Dudin, que eſt de feuodo eccleſie Viennenſis, & hec vinea eſt ſub clauſo ſuo apud Ornaceu: § hec omnia tenet ab eccleſia Viennenſi & re-(d)cognovit eſſe de feodo ejuſdem eccleſie. § Item medietatem eorum que habet Armannays. Item tenet ab eadem eccleſia ea que accepit in feodum ab eadem, prout ſcriptum eſt in tercio folio.

_____

(1) En marge : DE CASTRO NOVO S. G. ET DE RATERES.
(2) En m. : TESTES PRODUCTI.

RECOGNITIO WI. DE FABRICIS.

Anno Domini Mº CCº XLº IIº, XIIIIº kalendas septembris *(19 août 1242)*, Guillelmus de Fabricis, recognoscens quod quicquid habet & tenet apud Nivolas est de feodo ecclesie Viennensis, obligavit B(erlioni) cabiscolo & Jo. Chalvet, procuratoribus aniversariorum ejusdem ecclesie, nomine ipsius ecclesie, videl. XVIII. m(eiterios) frumenti censuales & VI. alios meit. bladi vel VIIIº & X. sol., XXII. pullos censuales pro XXXᵗᵃ libris; & quod contra hujus obligationem non veniat per se vel per alium, & quod dicta aniversaria defendet in judicio & extra, si quis eisdem aliquando moverit questionem, prestitit super sancta Dei Euvangelia juramentum: & sciendum quod quandocumque hanc gageriam redimere voluerit, fructus qui ibidem appendent habere debet. *(fº xlij)*

RECOGNITIO JACERANNI LAMBER.

Hee sunt terre seu posessiones quas Jacerannus Lamberti recognovit ecclesie Sancti Mauricii, tempore mortis sue ut dicitur: terram de Gorc Marésec & les Plantes, & terras de Cussins quas excolit Jo. de Lolagneri & P. Arnouz, & campum de les Chavannes quem excolit Brunus de Sancto Michaele & Areborz del Tremoley, & campum de Baceu quem tenet idem Brunus, & campum quem tenet P. Arvias, & terram del Morestel quam tenet Jo. de Lolagneri, & III. den. censuales quos emit a Poncio Bordon qui sunt en les Plantes de Sancto Michaele, in quo loco dicebatur el Bosc de Sancto Michaele, & IIII. den. censual. in orto quem tenet Mar. de la Valleta & Ugoninus nepos ejus.

RECOGNITIO R. LAMBERTI PREPOSITI DE CONDREU PRO VICARIA SANCTI MICHAELIS, PRO QUA DEBETUR HOMAGIUM. *(b)*

Anno Domini Mº CCº XL. IIIº, VI. idus maii *(10 mai 1243)*, vocatis omnibus canonicis qui presentes erant in capitulo, Raymondus Lamberti, prepositus de Coyndreu, fecit homagium in manibus domi Jo(hannis) archiepiscopi,

nomine capituli Viennenſis, pro miſtralia Sancti Michaelis ;
poſtmodum vero in clauſtro promiſit G. de Monte Calvo
& Berlioni cabiſcolo, nomine Wi(llelmi) archidiaconi Viennenſis, obedienciariis Sancti Michaelis, promiſit in omnibus
& per omnia & de omnibus fideliter eis reſpondere, preſtito
ſuper ſancta Dei Euvangelia juramento.

RECOGNITIO DOMᶦ GUIGONIS DALPHINI PRO COMITATU VIENNE[1].

ANNO Domini Mᵒ CCᵒ XLᵒ IIIᵒ, XIIIIᵒ kalend. maii *(18
avril 1243)*, Guigo-Dalphini, comes Viennenſis &
Albonenſis, major XIIIIᶜⁱᵐ annis, ſciens & prudens, aſliſten-
tibus ſibi A.(imaro) domino de Anoniaco, Oberto mareſcalco,
Guichardo de Condriaco *(vᵉ)* militibus & multis aliis fideli-
bus ſuis & domeſticis, confeſſus eſt & recognovit, in preſencia
domᶦ Jo(hannis) archiepiſcopi Viennenſis & domᶦ Phi(lippi)
de Sabaudia decani tociuſque capituli Viennenſis eccleſie, ſe
tenere & habere in feodum ab archiepiſcopo & capitulo
Viennenſis eccleſie totum comitatum Vienne, videlicet quicquid habet & tenet & poſſidet vel quaſi, per ſe vel per
alium, & habiturus eſt ab eccleſia Sancti Vincencii, que
eſt ultra Vorapium, inter duo flumina Yſare & Rodani,
in longum & in latum, uſque ad Furcas de Podio, qui locus
dividit Viennenſem & Anicienſem dioceſes ; & pro hiis omnibus fecit homagium ligium domᵒ Jo. archiepiſcopo Viennenſi, recipienti pro ſe & capitulo Viennenſi. Fuit etiam additum quod in recognitione dominii comitatus, debet & tenetur aferre per ſe vel per alium unum cereum XII, librarum
cere ad altare Sancti Mauricii in ipſius vigilia annuatim.
§ Preterea fecit ſimiliter homagium eidem archiepiſcopo
& capitulo Viennenſi *(d)* pro caſtro de Mala Valle, quod tenetur eiſdem reddere totaliter & nominatim domum Albam
& rupem Calvam, quocienſcumque ab ipſis vel eorum certis
nunciis fuerit requiſitus. § Item confeſſus eſt & recognovit
ſe tenere ab eiſdem in feodum caſtrum Sancti Quintini [2]

(1) Cſſ. *Invent.* des arch. des Dauph. en 1277, nᵒ 22; item en 1346, nᵒˢ 431 &
479; LE LIÈVRE, p. 374 ; DUCHESNE, *Dauf.*, pr. p. 16; CHARVET , p. 391-2.
(2) En m. *Pro San Quintᵒ.*

ultra Yſaram, reddendum ipſis vel eorum certo nuntio ad
requiſitionem eorum. Fuit etiam additum quod hec omnia
& ſingula A(ndreas) bone memorie, pater ipſius Guigonis
comitis, ſe tenere & habere in feodum ab archiepiſcopo &
capitulo Viennenſi & eodem modo recognovit, in manibus
Burnonis archiepiſcopi Viennenſis, & pro hiis homagium
fecit eidem. § Actum Vienne, in majori camera ſuperiori
domus archiepiſcopi. § Preſentibus teſtibus vocatis & rogatis: Arberto de Bocoſello, Arberto de Fabricis, G. d'Auries ſacriſta, Gilio de Illino, P. Callidi, P. Falavel, Emone
de Tharent., Ay. Pag(ani), Mart. de Bachill(ins), P. Lupi,
Nicholao, J. de Arenis, *(f° xliij)* Berlione Comingdo, G.
de Monte Calvo, Anſelmo de Voyſeut, Arberto de Villa &
B. cabiſcolo, canonicis Viennenſibus; magiſtro Barnardo de
Romans, magiſtro J. de Villa Nova, magiſtro Galtero
Anglico, magiſtro Ste(phano) officiali Vienne, magiſtro Ray.
Anglico, magiſtro Jo. chori Vienne, magiſtro P. de Sancto
Albano, B. archipresbitero de Saxeolo, Girberto de Ver-
nouc ſacerdote & G. nepote ejus, G. Ariaut, P. Bamare,
P. Arnaudi, A. della Vulpilleri, G. de Rovon, Jor. d'Ano-
nay, Ja. Arabeu, B. d'Autranz, P. d'Anjo, A. de Roſil-
l(ione) & Vincencio, ſacerdotibus; A. de Roſill(ione) dia-
cono, A. de Petra, P. Menabos, B. Jovenz, Reventins, G.
Remeſtagni, Jofre. Mallens, G. de Anoniaco, clericis; G. de
Caſtro Novo, G. Arvi, G. de Valle, militibus, Artaudo do-
mino de Roſill(ione), B. de Valleta, Bonerio, Hug. de
Chaunas, Hu. mareſcalco & W° Teiſire, qui dixit quod
XII. annis vel amplius *(b)* reddiderat cereum pro dom. dalphino; § Nicholao de Alta Ripa, P. Rufi, Bertrando, P.
Soudani, P. Zacharie, Arberto Galeys, Gir. ſcriptore, P.
Giroudi, Jo. Mouchons, Ja. de Turre, J. Jordan, P. Raynier,
P. Corderii, Ar. Renc; § Guillelmo de Sabaudia, cellarario
dom. archiepiſcopi, P. de Portu, coco ejuſdem; § J. Richar-
mos, A. de Broenc & Hu. de Briort, domicellis, & P. ta-
bernario & pluribus aliis clericis & laycis.

DE ROCOGNITIONE CASTRI DE MALA VALLE.

Anno eodem, vi. idus maii *(10 mai 1243)*, dom. Jo(han-nes) archiepiſcopus Viennenſis, affiſtentibus ſibi Arberto de Fabricis & B. Coyngdo, refectorariis, & pluribus aliis ca-nonicis, clericis & laycis, acceſſit ad caſtrum de Mala Valle & peciit a Guichardo de Condreu milite ut redderet eis caſ-trum ſuum: qui reſpondit eis quod libenter hoc faceret, quia ſic in mandatis recepit a domino ſuo G(uigone) dalphino; & reddidit eis dictum caſtrum ſuum de *(vº)* Malvalle, & recepto caſtro & ſignis domi Jo. archiepiſcopi Viennenſis & eccleſie poſitis ſuper turrim & ejectis omnibus aliis de caſtro extra majorem domum, dom. Jo. archiepiſcopus & alii qui cum eo venerant pranſi fuerunt, & poſt prandium ſuper Rupem Calvam ſignum domi Jo. archiepiſcopi poſitum fuit. Et craſtina die fuit feſtum beati Mamerti *(11 mai)*, & dom. archiepiſcopus celebravit & predicavit, & tenuerunt ipſum caſtrum per duos dies. Ad hoc etiam venerunt cum domo archiepiſcopo & preſentes fuerunt ISTI TESTES: Martinus de Bachill(ins), G. de Vireu, canonici, B. archipresbiter, Jo. Maneyſeus, capellanus domi archiepiſcopi, Hugo de Montor, Ja. Arabeus, Ja. Jordans, Ar. Galeis, Boſo de Gorgia, cle-rici, Symon Comingdos, Clemens de Anglia, Cuſinus, Julianus, Tirioſa, Evruſius & filius ejus, Alamannus & G. Montarzins milites, Ma. Aſaleus & frater ejus, & plures alii milites & layci interfuerunt.   (CHARVET, *p. 392*).

G. DE MONTE CALVO TENET IN FEODUM *(d)* illam terram que eſt in mandamento de Monte Calvo, quam donavit illi G. de Monte Calvo, canonicus Viennenſis & avunculus ejus, ita quod habeat & teneat dictam terram ab eccleſia Viennenſi.

RECOGNITIO GILII DE SANCTO JULIANO MILITE.

Anno Domini Mº CCº XL. IIIIº *(1244)*, Gilius de Sancto Juliano miles gerpivit & quitavit capitulo Vien-nenſi in perpetuum quicquid juris habebat & habere poterat in hominibus de Vivers & rebus ipſorum, & pro forefacto &

dampnis que eis intulerat, pro emenda ; accepit in feodum ab ecclefia Viennenfi vineam fuam de Limonis, quam excolit & dicitur vinea del Laval ; & quod contra quitationem hujus per fe vel per alium non veniat & pro feodo etiam fervando eidem ecclefie fideliter, fuper fancta Dei Euvangelia corporale preftitit juramentum.

RECOGNITIO DRODONIS DE ROMANESCHES MILITIS. *(f° xliv)*
Noverint univerfi quod cum caufa verteretur inter capitulum Viennenfe ex una parte & Drodonem de Romanefches ex altera fuper manfo des Pinei, quod manfum dicebat idem capitulum ad fe pertinere, tandem inter dictum capitulum & militem fupradictum talis inter eos amicabilis compoficio interceffit : videlicet quod dictus miles accepit in feodum ab ecclefia Viennenfi totum manfum des Pinei fupradictum cum omnibus fuis pertinenciis, videl. hominibus, pratis, molendino, cenfibus, poffeffionibus & juribus aliis ad dict. manfum pertinentibus, & quicquid infra dict. manfum adquirere poterit, & fpecialiter Galterum Caillet & liberos fuos, Jo. Delmas & liberos fuos, & Mar. des Piney & filios fuos, & tenementum quod tenet Ay. des Piney & nepotes fui a dicto milite ; *(b)* & promifit facere & folvere pro dicto feodo fingulis annis capitulo Viennenfi xxti fol. cenfus, & hoc promifit idem miles attendere & fervare pro fe & fucceffforibus fuis, preftito fuper fancta Dei Euvangelia juramento. Actum in capitulo generali quod fcelebratur confequenter poft feftum beati Baptifte Johannis *(25 juin 1245 ?)*, prefente dom° J(ohanne) archiepifcopo, D. & Arber. cantoribus, Arber. de Bocofello, & omnibus canonicis qui prefentes erant; ego Vincencius notarius interfui & propria manu fcripfi. Ifti xx. fol. folvendi funt fingulis annis in fefto Omnium Sanctorum.

DONATIO QUAM FECIT D. DE BELLO VIDERE CANTOR.
Anno Domini M° CC° XLVI°, in octabis beati Gregorii *(9 mars 1247 n. ft.)*, dom. Drodo cantor Viennenfis, in capitulo generali exiftens, donavit capitulo Viennenfi do-

natione inter vivos, retempto fibi ufufructu quandiu vixerit, v⁵ fol. cenfuales vel circa quos emit a Guigone Frener, qui funt in parrochia d'Oyties, & fe de ipfis deveftivit & G(ui-gonem) facriftam nomine capituli inveftivit; prefentibus A. de Bo-(v°)cocello, Gaudemaro, A. de Fabricis, Emone, P. & B. Comdo, P. Lup, Nicholao, J. de Arenis, G. de Vireu, W° d'Ay, B. cabifcolo & Vincentio.

Don(atio) G. de Jayns.

§ Eodem die & loco, Guigo de Jains laycus donavit li-bere & abfolute capitulo Viennenfi in perpetuum quicquid juris habebat en Jaynet & en Chanaveres, fcilicet terras cultas & incultas quas communiter poffidebat cum capitulo, fecundum quod via publica que ducit verfus Bergoyn portat verfus Laies; prefentibus fupradictis, & nichil in eis retinuit.

Quod dom. B. Comyngdos accepit in feodum ab ecclesia Viennensi[1].

Anno Domini M°. CC° XLVI° *(1246)*, dom. B. Coyng-dos accepit in feodum ab ecclefia Viennenfi quicquid habet alla Pellateri in parrochia Sancti Defiderii, & quicquid Arbertus Comdo miles in eadem parrochia tenet ab ipfo; & de hiis fe deveftivit & capitulum inveftivit. Poft ea vero capitulum ipfum de fupradictis retinuit, ut moris *(d)* eft favater retinere.

De domibus de Fuysins.

§ Item fciendum quod dict. B. recognovit quod domus fue ambe, que funt in burgo Fuiffini, que fuerunt Jacobi de Montibus, tenet a capitulo Viennenfi in beneficio perfonali ad cenfum xviii, den. cenfualium.

Donatio facta R. cant(ori).

Anno Domini M° CC° XL° VII°, feria iii. poft Pafcha *(2 avril 1247)*, dom. Jo(hannes) archiepifcopus to-tumque capitulum Viennenfe, in capitulo exiftentes, dona-verunt ad cenfam R. Franceys, concanonico fuo, ad vitam

---

(1) En marge : *Hoc eft feodum de la Pelleteri juxta Turrim.*

fuam gageriam quam idem R. obligaverat aniverfariis pro
xxv. lib.; eft autem gageria jamdicta in parrochia de Cyri-
fins, fcilicet x. meit. frumenti, ii. meit. avene, xviii. den.
cenfus & quartones duarum vinearum: pro hiis vero promifit facere & folvere fingulis annis aniverfariis Viennen. xxv.
fol. cenfus in fefto Omnium Sanctorum dictus R. Franceis.

ITEM DEDIT CAPITULO. Anno & die fupradictis, idem R.
fpontanea voluntate accepit in feodum ab ecclefia Viennenfi
iii. homines, fcil. quos in dicta parrochia habe-*(fo xlv)*bat,
videl. Mart. Chapot & Jo. fratrem ejus & P. Charel co-
gnatum eorum, & quicquid habet vel habiturus eft per
aquifitionem vel donationem aliquam in mandamento de
Turre & de Bergoin; & fe de hiis deveftivit & in manum
dom¹ J. archiepifcopi, & dict. capitulum feu ecclefiam inveftivit: promittens fe contra donationem h(u)juf(modi) per fe
vel per alium non venturum.

RECOGNITIO P. NICHOLAI PRO FURNO.

ANNO Domini Mº CCº XL. VI. *(1246)*, Petrus Nicholai accepit in feodum a capitulo Viennenfi nomine
aniverfariorum quicquid habet & quicquid adquiret &
adquirere poterit in furno della Terraci, pro quo feodo faciet
aniverfariis fingulis annis xii. den. cenfuales.

RECOGNITIO B. DE CASTRO NOVO.

ANNO Domini Mº CCº XL. VII, Bartholomeus de Caftro
Novo miles recognovit in capitulo generali quod celebratur poft feftum bᵢ Johannis Baptifte *(25 juin 1247)*, prefente
domº J. archiepifcopo & omnibus canonicis qui prefentes
erant, terram & quicquid in emptione, quam fecit a G. de
Monte Calvo canonico Viennenfi, continetur *(b)* de feodo
ecclefie Viennenfis: pro hiis autem fidelitatem fecit ecclefie
Viennenfi in manibus dom¹ Jo. archiepifcopi Viennenfis.—
DE REBUS QUAS ADQUISIVIT. § Sunt autem in dicta emptione
tenementum de Grata Lupum, & tenementum del Mas,
& tenementum de Pont Frayt & de Malaveillet, & homines
qui funt in dictis tenementis.

RECOGNITIO G. DOMINI DE MONTE CALVO.

ANNO Domini M° CC° XL. VIII°, menfe maii *(mai 1248)*, Gaudemarus domicellus, dominus de Monte Calvo, non deceptus, non circumventus ab aliquo vel ab aliquibus, fet fponte, fciens & prudens, accepit in feodum a capitulo Viennenfis ecclefie manfum de Channau cum quadam cabannaria, que funt in parrochia Sancti Martini de Ruiffeu; item manfum qui eft apud Miniftreu & terras que funt in monte Chaunau & terras del Planil cum appendiciis; item cabannariam que eft al Planzon de Montilio; item terras feu pofeffiones omnes quas Artaudus del Planil ab eo tenet in feodum; item domos, vineas, terras cultas & incultas, nemora & omnia jura alia *(v°)* & ufagia, quecumque habet vel tenet vel aliquis ab eo vel nomine ejus in villa & in parrochia Sancti Albani: que omnia erant de fuo proprio alodio. Et in recognitione ipfius feodi promifit folvere fingulis (annis) 1. libram cere perpetuo capitulo Viennenfi in fefto Omnium Sanctorum; capitulum vero fupradictum propter hoc eidem G. domicello dedit IIII°ʳ libras Viennenfis monete, renuntianti exceptioni non numerate & non tradite fibi pecunie. Actum anno & menfe fupradictis, prefentibus dom° G. de Monte Calvo, G. facrifta, J. de Arenis, A. de Molari, Emone can(onicis), magiftro P. de Sancto Albano & Vincentio notario, clericis & pluribus aliis, & Guig. de la Blachi domicello.   (CHARVET, *p. 394).*

DONATIO QUAM FECIT DOM. HU. DE VIREU SERVITORIBUS ECCLESIE VIENNENSIS.

ANNO Domini M° CC° LXV°, die craftina Carniprivii veteris *(15 févr. 1266 n. ft.)*, in generali capitulo quod tunc fcelebratur dom. Hu. de Viriaco canonicus conftitutus, dedit fervitoribus ecclefie Viennenfis III. *(d)* aniverfaria & ea affignavit perpetuo facienda fuper omnibus bonis que habet apud Montem Revellum & in mandamento ejus, & habuit a patre fuo vel matre fua, poft mortem fuam, nifi aliter de bonis fuis duxerit ordinandum.

Donum G. de Vireu. — § Item, eodem modo dom. G. de Viriaco super omnibus bonis suis.

Donum A. de Villa. — § Item, eodem modo dom. A. de Villa duo aniverfaria & unum altare ufque ad lxᵃ libras fuper patrimonio fuo; prefentibus teftibus vocatis & rogatis dom. A(nfelmo) facrifta, A. de Chinnino, Ay. de Vir(iaco), Fulcone Boud., G. Remeftainfg, G. de Claro Monte , G. de Lignone, P. Falavel. § Et iterum dictus Ar. dedit capitulo patrimonium fuum de Villa ultra Rodanum, retento fibi & Guigoni nepoti fuo , clerico Viennenfi , ufufructu quandiu vixerint.

RECOGNITIO JACERANDI DE BELLA GARDA ET MARTINI FRATRIS EJUS.

Anno Domini Mᵒ CCᵒ XL. VIIIᵒ, feria viᵃ poft feftum beati Mauricii *(25 feptembre 1248)*, *(fᵒ xlvj)* Jacerandus de Bella Garda & Mar. frater ejus, milites, recognoverunt in prefentia domⁱ J(ohannis) archiepifcopi & tocius capituli Viennenfis, quod quicquid tenebant in caftro & in mandamento de Bella Garda, tenebant in feodum a capitulo Viennenfi, preter illud quod erat de dote uxoris ipfius Martini ; & fidelitatem & homagium pro hiis fecerunt in manibus domⁱ J. archiepifcopi fupradicti. Actum Vienne in clauftro, prefentibus D. de Bello Videre, A. de Fabricis cantoribus, A. de Bocofello, G(uigone) facrifta, G. de Viriaco, obedienciario de Bella Garda, & A. fratre dicti G., Emone, B. Comgdo, J. de Arenis, A. de Molari & pluribus aliis.

RECOGNITIO FARAMANNI FILII QUONDAM COLUMBETI DE FARAMANZ.

Anno eodem, dominica poft feftum beati Mauricii fequenti *(27 feptemb. 1248)* , Faramanz quondam filius Columbeti de Faramanz, fponte, fciens donavit, gerpivit, ceffit capitulo Viennenfi fi quicquid juris *(b)* habebat vel habere videbatur in terris , pratis, vineis que funt in parrochia de Faramanz : que poffeffiones fuerunt patris fui; recognofcens quod pro hiis habuerat pater fuus xxx. libras ,

licet capitulum affereret quod inde xl. lib. habuerat. Pro
hac autem donatione feu gerpitione habuit & recepit
idem Far. tam a capitulo quam ab archiepifcopo , qui
erat obedienciarius de Faramanz ex dono capituli, vi. libr.
Viennenfis monete : renuncians exceptioni non numerate &
non tradite fibi pecunie , & promittens fe contra donationem feu gerpitionem hujuf(modi) non venturum , preftito
fuper fanéta Dei Euvangelia juramento. Aétum in curia
dom^i archiepifcopi, prefentibus fupradiétis cantoribus,
Arber. & G(uigone) facrifta , B. cabifcolo, J. de Arenis
refeétorario & pluribus aliis.

RECONITIO *(fic)* W^i REMESTAING MILITIS.

NOVERINT univerfi quod cum Guillelmus Remeftainz
miles, pro fe & pro Petro fratre fuo cujus tutor erat ,
accepit in feodum ab ecclefia Viennenfi *(v°)* quicquid habebat in parrochiis Albe Ripe & de Chayffeu , Sanéti Primi ,
de Chaunas, Exodi, Sanéti Johannis, Sanéti Martini, Sanéti
Mamerti de Coftis & de Verno, preter ea que funt de dote
uxoris diéti Villelmi , & pro hiis omagium feciffent capitulo
Viennenfi. Tandem diétus miles & frater ejus faétus major,
in prefencia tocius capituli Viennenfis conftituti, recognoverunt fe tenere in feodum fupradiéta omnia, videl. quicquid
habebant in diétis parrochiis preter dotem uxoris, & expreffe
diétus P. ratificavit & ratum habuit quicquid fuper hoc
faétum fuerat a G. fratre fuo; & fimiliter hec eadem iterum
accepit in feodum a diéta ecclefia Viennenfi & homagium
fecit in manibus G(uigonis) facrifte Viennenfis nomine ecclefie Viennenfis, preftito fuper hiis de non veniendo contra
fuper fanéta Dei Euvangelia juramento ab ipfo P. & W°
fratre fuo. Aétum in clauftro Viennenfi, prefentibus dom.
D. de Bello, Ar. de Fabricis, cantoribus, A. de Bocofello,
G. de Vir(iaco), Gaudemaro , R. Franceis, J. de Arenis,
Anfelmo, Ar. de Villa, canonicis, Vincentio, *(d)* P. Menabo,
G. Remeftaing & pluribus aliis, anno Domini M° CC° XL°
IX°, feria vi^a poft fynodum *(14 mai 1249).*

VENDITIO QUAM FECIT EITRE D'ANJO DOMICELLUS.

NOVERINT univerfi quod Eytre d'Anjo domicellus ven-
didit capitulo Viennenfi Martinum hominem fuum
ligium & quicquid juris in eo habebat, precio centum folid.,
de quo precio fuit eidem plenarie fatisfactum: renuncians
in hoc facto exceptioni non numerate pecunie & non tradite
fibi. Hanc autem venditionem laudavit & approbavit uxor
ejufdem Eitre, afferens quod pro dicto homine quod erat
de dote fua receperat hominem meliorem , videlicet; hanc
etiam venditionem laudavit filius ejufdem domicelli &
uxoris ejus, preftitis fuper fancta Dei Euvangelia de non
veniendo contra juramentis a fupradict. domicello & uxore
ejus & filio eorumdem.

DONATIO FACTA CAPITULO ET ANIVERSARIIS EJUSDEM CAPITULI A DOM. PETRO LUPI QUONDAM CANONICO VIENNENSI. *(f° xlvij)*

ANNO Domini M° CC° XL° IX°, in craftinum Omnium
Sanctorum *(2 novemb. 1249)*, Petrus Lupi, canonicus
Viennenfis, in capitulo generali, in prefentia dom. Jo(hannis) archiepifcopi & aliorum canonicorum qui prefentes
erant, donavit donatione inter vivos aniverfariis ecclefie
Viennenfis, pro aniverfario matris fue & Petri de Ponte, medietatem decime ecclefie Sancti Jufti, que eft in mandamento
de Septimo, & III. quartal. frumenti cenfual. quos facit
Mariauz de terra que fuit Petri de Ponte & funt in parrochia d'Outhies, & v. fol. cens. & II. gallinas quos
facit Mariauz pro prato quod eft apud Sept(imum); item II.
prata que funt in Vallibus donavit in recompenfatione bonorum que recipit ab aniverfariis pro alio aniverfario : retinuit
tamen fibi in rebus fupradictis ufum fructum quandiu vixerit, & fe de predict. omnibus deveftivit in manibus dom. archiepifcopi, qui retinuit eum de predictis ad vitam fuam.
Sunt autem duo dicta prata in territorio Montis Salomonis,
quorum I. fuit Stephani Charreri, patris Gui-*(b)*chardi, &
alterum fuit patris Johannis Dodonis,

Recognitio Wi Ervis militis.

Eodem die *(2 novemb. 1249)* & loco , Willelmus Ervis miles & Humbertus filius ejus primogenitus, recognoſcentes ſe eſſe homines ligios ecclefie Viennenſis, ſponte & mera liberalitate accipiunt in feodum ab ecclefia Viennenſi quicquid tenent & habent in parrochiis de Comella, de Valarion(-rnout), & homines & jura alia quecumque habent & adquirent in dicta villa: que omnia erant de alodio ſuo proprio, & ſe de predict. omnibus in manibus dom.. Johannis archiepiſcopi deveſtiverunt, qui retinuit eos de predictis, ut moris eſt feodotarium retinere; aſſerentes quod dicte parrochie non ſunt in mandamento alicujus caſtri , debent autem reddere ſingulis annis vi. den. refectorariis ecclefie Viennenſis, qui pro eis facient unam candelam in feſto beati Mauricii. Pro hac autem receptione in feodum habuit a capitulo x. lib., & capitulum promiſit eis dict. feodum non alienare ſine eorum voluntate & conſenſu.

De molendino P. *(vo)* Lupi dato ecclesie Viennensi in feodum.

Anno Domini Mo CCo XL. IXo, in craſtinum Carniprivii veteris *(14 février 1250 n. ſt.)*, in generali capitulo, dom. P. Lupi canonicus Viennenſis, ſciens & prudens, molendinum ſuum, quod eſt apud Septimum & eſt de ſuo proprio alodio, accepit in feodum ab ecclefia Viennenſi; item quicquid habet apud Chanbout, videl. terras , ſervicia & uſagia omnia que ſunt in mandamento de Pineto & ſunt de ſuo alodio, accepit ſimiliter in feodum ab ecclefia Viennenſi, ſcilicet ea que ſunt apud Chanbout: & pro hiis faciet decetero cereum unius libre cere in feſto beati Mauricii.

De dono Sofreidi de Sancto Desiderio , cappellani Sancti Stephani de Volump.

Anno Domini Mo CCo L. *(1250)*, Soſfreidus de Sancto Defiderio, capellanus Sancti Stephani de Volump, donavit capitulo Viennenſi, pro aniverſario ſuo & fratris ſui Micholdi, deimam capellanie de Becey, & ſe deveſtivit de ea & ipfum capitulum inveſtivit nomine ſuo & nomine fratris ſui (d), capitulum vero promiſit ei providere quamdiu vixerit ad valenciam dicte decime pro fructibus ejuſdem decime, ita tamen quod uno ſublato de vite medio debet fieri libra pro ipſo & ipſi fratres debent ſupplere ſi non poſſent fieri inde duo aniverſaria.

RECOGNITIO ROGERII DE CLARIACO.

ANNO Domini Mᵒ CCᵒ Lᵒ, vᵒ nonas martii *(3 mars 1251 n. ſt.)*, Rogerius de Clariaco recognovit quod caſtrum de Baſternay tenet in feodum ab eccleſia Viennenſi, & quicquid pertinet ad dominium dicti caſtri, reddendum dom. archiepiſcopo & capitulo Viennenſi vel eorum certo nuntio ad requiſitionem eorum; item confeſſus eſt & recognovit ſe tenere in feodum ab eadem eccleſia Viennenſi duas domos majores caſtri de Miribello en Valclareis, & quicquid pertinet ad dominium earum. Et pro hiis omnibus ſupradictis homagium fecit in manibus dom. Jo(hannis) archiepiſcopi, preſente Hug(one) decano; item preſentibus A. de Bocofello, G. de Viriaco & *(fᵒ xlviij)* Ademaro fratre ejus, B. cabiſcolo, B. Comigdo, J. de Arenis & Nich(olao) de Alta Ripa & pluribus aliis canonicis; item preſentibus Vincencio capellano, Hug. de Palac(io), clericis eccleſie Viennenſis, Aymone Cathe(na), P. Pelos & P. filio ejus, J. de Molario, P. del Biarz, Ste. Chalvet, P. Symeon & pluribus aliis laycis. Actum Vienne, in clauſtro juxta ſepulchrum de Bachillins, anno & die ſupradictis. (CH. *p. 397).*

RECOGNITIO DE MIRIBELLO EN VALCLAREYS, QUAM FECIT P. ROSTAGNI MILES.

ANNO eodem, in craſtinum beati Georgii *(24 avril 1251)*, Nicholaus de Alta Ripa, canonicus & refectorarius capituli Viennenſis, nomine dicte eccleſie, & Barth. de Valleta, nomine archiepiſcopi Viennenſis, adceſſerunt ad caſtrum de Miribello en Valclareys & petierunt a Petro Roſtagni milite, qui tenebat dict. caſtrum, quod redderet eis dict. caſtrum, qui reſpondit eis libenter hoc faceret, quia

fic receperat in mandatis a domino fuo Rogerio de *(b)*
Clayreu; & reddidit eis dict. caftrum, fcil. duas domos,
majorem & illam de medio, & recepto caftro & fignis dom.
archiepifcopi & ecclefie Viennenfis pofitis fuper turrim &
egreffis omnibus extra domum, tenuerunt eam vel eas. Et
poftmodum inde exeuntes, accefferunt ad caftrum de Bafternay eodem die & pecierunt a Girardo de Bafternay milite
ut redderet eis dict. caftrum de Bafternay, & ipfe libenter
eis tradidit dict. caftrum, quia fic receperat in mandatis a
domino fuo Ro. de Clayreu, ut dixit, & fignis pofitis fuper
portam tenuerunt dict. caftrum; teftibus prefentibus vocatis
& rogatis: J. priore de Bafternay, Berl. de Alta Ripa domicello, B. Rufi de ultra Rodano & Wº filio dicti militis,
& pluribus aliis. Teftes rogati qui interfuerunt receptioni
primi caftri de Miribello funt: Barnardus Roftainz, P.
Ardens, J. Ferlays milites, Poncius de Miribel & Falco de
Cafta Bovaz, do-*(vº)*micelli, & Jofreidus de Syreu miles &
plures alii.

RECOGNITIO DOM. A. DE BOCOCELLO.

ANNO Domini Mº CCº L. Iº *(1251)*, recognovit dom.
A. de Bocofello quod decima quam tenet in parrochia
Sancti Victoris, tenet in beneficio perfonali a dom.
Jo(hanne) archiepifcopo Viennenfi, que decima eft apud
Chefanova.

PETRI COMDO. — § Item P. Comingdos canonicus recognovit fimiliter quod decimam de Panizez, que eft in mandamento de Vireu, tenet ad cenfam xxx. fol. in beneficio
perfonali a dom. archiepifcopo.

§ Item recognovit dom. Drodo cantor quod tenet fimiliter
ab eodem medietatem vinee que eft juxta vineam Acus,
quam medietatem vinee tenet dom. archiepifcopus de dono
capituli.

DOMᶦ R. FRANCISCI RECOGN(ITIO). — § Item tenet R.
Francifci vineam de Leftelleri ex dono dom. archiepifcopi,
& dom. archiepifcopus tenet eam ex dono capituli.

RECOGNITIO AYMONIS DE CHAM-(d)PERS CAPELLANI.

ANNO Domini M° CC° L. I°, fabbato ante feftum beati Laurencii (5 août 1251), Aymo cappellanus de Champers, fciens & prudens, ex mera liberalitate, pro fe & pro nepotibus fuis, accepit in feodum a capitulo Viennenfi quicquid tenent & habent in manfo del Piney, dom. Hugone decano Viennenfi recipiente hoc nomine capituli Viennenfis, & in fignum recognitionis facient & folvent fingulis annis decetero refectorariis capituli Viennenfis vr. den. cenfuales in fefto Omnium Sanctorum; & promifit idem capellanus quod dicti nepotes fui venient coram eodem decano, & quod actum eft per eumdem capellanum fuper hoc ratum & firmum habebunt, & de non veniendo contra preftabunt juramentum. Actum in domo dom. decani, prefentibus teftibus vocatis & rogatis dom. Emone facrifta & Jo. Chalvet, P. d'Ay cappellano, P. Menabo & pluribus aliis; & ego Vincencius notarius capituli prefens fui & propria manu fcripfi.

RECOGNITIO W¹ DE FABRICIS, FILII QUONDAM (f° xlix)
VILLELMI DE FABRICIS.

ANNO Domini M° CC° L° I°, in craftinum beati Laurencii (11 août 1251), Wus de Fabricis filius quondam Villelmi de Fabricis, prudens fciens, in prefentia dom. Hugonis decani & dom. Emonis facrifte & aliorum canonicorum, in clauftro juxta hoftium ecclefie, recognovit quod quicquid tenet & habet apud Bergoin & apud Nivolas, tenet & habet in feodum ab ecclefia Viennenfi; & pro hiis homagium fecit in manibus domi Hug. decani Viennenfis nomine capituli Viennen.; recognovit etiam quod pro hujuf(modi) feodo debet fingulis annis unum cereum dimidie libre cere in vigilia beati Mauricii.

QUOD ANSELMUS VICARII MILES ACCEPIT IN FEODUM AB
ECCLESIA VIENNENSI.

ANNO Domini M° CC° L. I°, in craftinum Affumptionis beate Marie (16 août 1251), Anfelmus Vicarii miles,

fponte, fciens accepit in feodum a capitulo Viennenfi quicquid tenet & habet in caftro & in mandamento de Dentay-
feu, videl. cenfus, fervicia, quartones & jura alia, que
omnia afferebat *(b)* effe de fuo proprio alodio; & de predictis
fe deveftivit in manibus dom. Hugonis decani, & capitulum
fupradict. ipfum militem de predict. omnibus retinuit ut
moris eft feodotarium retinere: afferens dict. miles quod ea
que in dicto feodo continentur valent fingulis annis ultra
centum folid. cenfus. Actum in clauftro Viennenfi prope
oftium ecclefie, prefentibus teftibus vocatis & rogatis: dom.
Arber. de Fabricis cantore, Emone facrifta, B. cabifcolo,
P. Comingdo, Jo. Chalvet diacono, W° Dudin milite, J.
de Arenis, A. de Molari, W° d'Ay, B. Comdo & dom.
R. Francifci; & ego Vincencius notarius capituli Viennenfis
interfui prefens.

RECOGNITIO WILLELMI DUDIN.

ITEM, ibidem & in continenti, anno Dom. M° CC° L. I°,
in craftinum Affumptionis beate Virginis *(16 août*
1251), W^us Dudins miles recognovit fe effe hominem ligium
capituli Viennenfis, & ex mera liberalitate accepit in feodum
a predicto capitulo Viennenfi quedam fervicia & jura alia
que erant de fuo alodio, *(v°)* que valent fingulis annis ufque
ad xv. libras cenfuales: que omnia funt in mandamento caftri
de Ornaceu, afferens quod omnia alia que habet & tenet in
caftro de Ornaceu & mandamento ejufdem caftri tenebat ab
antiquo & tenet in feodum a capitulo Viennenfi; accepit
etiam in feodum quicquid tenet ab eo in feodum in predicto
caftro & mandamento ejus, ita quod quicquid tenet, habet
& poffidet vel tenetur ab eo in caftro & mandamento d'Ornaceu; recognofcit effe totum de feodo capituli Viennen., &
de non veniendo contra preftitit fuper fancta Dei Euvangelia juramentum, & in fignum recognitionis obligavit fucceffores fuos ad dandum unum nifum in mutatione tene-
mentarii dom. decano Viennenfi qui pro tempore fuerit;
§ prefentibus teftibus fupradictis, & ego Vincencius notarius
interfui & propria manu fcripfi.

RECOGNITIO ERVISII DE PELADRU.

ANNO Domini M° CC° L. I°, mense septembris *(septemb. 1251)*, Ervisius de Peladru miles, prudens & sciens, recognoscens & confitens quod quicquid tenet & habet *(d)* in castro d'Ornaceu, de Lara sursum in castro, excepta domo seu domibus, tenet in feodum a capitulo Viennensi ; § item actum in claustro, prope hostium ecclesie. ¿ Item, ibidem & in continenti idem Ervisius miles ex mera liberalitate sua quicquid tenet & habet in mandamento castri d'Ornaceu accepit in feodum ab eodem capitulo, presente dom. Hugone decano Viennensi, fratre ipsius Er.; testibus presentibus Emonæ sacrista, B. Comingdo, J. de Arenis canonicis, Jo. Chalvet refectorario & pluribus aliis; & ego Vincencius notarius interfui & propria manu scripsi.

RECOGNITIO SILVIONIS DE CLARIACO DOMICELLI.

ANNO Domini M° CC° L. III°, in crastino octabarum Epiphanie Domini *(14 janvier 1254 n. st.),* Silvius de Clariaco dominus & domicellus recognovit se tenere ab ecclesia Viennensi duas domos superiores castri de Miribello in Valle Clarensi, quarum una fuit Hugonis de Miribel militis & altera Huber. militis; item recognovit se tenere ab eadem ecclesia castrum de Basternay : que omnia tenetur *(f° l)* reddere eidem ecclesie vel ejus certo nuntio, ut recognovit, quandocumque super hoc fuerit requisitus. Et pro hiis omnibus homagium fecit in manibus dom. Jo(hannis) archiepiscopi Viennensis, nomine ecclesie recipientis; testibus presentibus : Arnaudo Berlionis milite, W° bajulo de Clariaco; presentibus etiam Hugo(ne) decano, A. de Boco-fello, An(felmo) sacrista, B. Comdo, Ademaro de Vir(iaco).

RECOGNITIO ABBATIS SANCTI THEUDERII PRO CASTRO ET TENEMENTIS DICTI CASTRI.

ANNO Domini M° CC° L. V°, in crastino beati Johannis Baptiste *(25 juin 1255),* Aynardus abbas monasterii Sancti Theuderii, constitutus in presentia dom. Jo(hannis) archiepiscopi & generalis capituli Viennensis, peciit ab eisdem consilium & auxilium contra quosdam burgenses

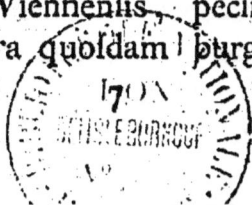

fuos, fuper eo quod negabant fe effe homines ipfius, dicens quod & dict. homines & cetera que habebat apud Sanctum Theuderium, tenebat ab ipfis & erant de dominio eorumdem. Prefentibus Syboudo helemofinario & Guillelmo, monachis Sancti The(uderii), prefentibus etiam Ar. de Bococello, An(felmo) cantore & facrifta, Ste. archidiacono, (b) G. de Vir(iaco), Drodone de Bello, R. Franceis cabifcolo, P. Lupi, P. Comingdo, J. de Ar(enis), B. Comdo, A. de Chinnins, Hug. de Nuceto, Sofreido de Vaillin, A. de Villa, J. Chalvet, G. de Broen, can(onicis).

RECOGNITIO AMEDEI DE ALTA RIPA DOMINI ET DOMICELLI.

ANNO Domini M° CC° L. VII, idus julii (15 juillet 1257), Amedeus domicellus, dominus de Alta Ripa, prudens fciens, non deceptus nec circumventus ab aliquo vel ab aliquibus, affiftentibus fibi Johanne Ferlay milite, Berl. de Alta Ripa domicello, Bofone Bovet miftrali de Caftro Novo & pluribus aliis, accepit in feodum a dom. Jo(hanne) archiepifcopo & capitulo Viennenfi duo caftra de Alta Ripa & de Chalmen, & pro hiis homagium ligium fecit eifdem archiepifcopo & capitulo; recipiente hoc pro fe & capitulo dicto dom° Jo. archiepifcopo; recepit etiam ab eifdem archiepifcopo & capitulo quicquid habet, tenet vel habere poteft vel alicus ab ipfo in eifdem caftris feu mandamentis eorumdem vel etiam adquirere poterit, in feodum a fupradictis Jo. & capitulo Viennenfi: promit-(v°)tens, tactis facrofanctis Euvangeliis, & jurans fe redditurum dicta duo caftra fupradict. archiepifcopo & capitulo vel eorum certo nuntio, quandocumque & quocienfcumque fuper hoc fuerit requifitus; volens & precipiens quod ad hoc heres fuus vel heredes fui perpetuo teneantur. Et fciendum quod fi archiepifcopus qui pro tempore fuerit vel capitulum Viennenfe pro utilitate propria dicta caftra vel alterum eorum receperint, tenentur facere expenfas de fuo proprio; fi vero idem Amedeus vel heres ejus dict. caftrum pro utilitate feu neceffitate fua reddiderit, idem domicellus vel ejus heres tenentur facere expenfas de fuo. Actum in camera inferiori dom. archiepifcopi Vienne, prefentibus teftibus vocatis & rogatis, videl. An(felmo) facrifta, G. de Vireu & Ade. fratre ejus, Hug. de Turre, G. de Toillin, Ar. de Villa, Nichol. de Alta Ripa, B. Comingdo, canonicis, magiftro Barnardo, canonico Romanenfi, magiftro Jo. de Villa Nova, officiali Viennenfi, Bellino & P. de Marjays &·pluribus aliis. (CHARVET, *p. 398*)

DE ALTA RIPA RECOGN(ITIO). *(d)*

ANNO Domini M° CC° L. VII, idus julii *(15 juillet 1257)*, Nicholaus de Alta Ripa & Arbertus de Villa, canonici Viennenfes, accedentes ad caftrum de Alta Ripa, nomine capituli Viennenfis, & Barthol. de la Valleta laycus, nomine archiepifcopi Viennen., petierunt ab Amedeo domicello, domino de Alta Ripa, caftrum de Alta Ripa fibi tanquam dominis reddi: dictus vero Amedeus, confitens & recognofcens fe dict. caftrum tenere & habere in feodum ab eifdem, dict. caftrum reddidit eis, & ipfi canonici & Bart. ipfum receperunt, & in fignum dominii vexilla dom. archiepifcopi & capituli fuper pofuerunt & tenuerunt. Prefentibus teftibus vocatis & rogatis: G. de Alta Ripa, Amedeo de Aya, militibus, Berl. de Alta Ripa, Guig. Alamandi & Roftagno domicellis, & pluribus aliis.

DE CHALMEN.

Sequenti vero die *(16 juil.)*, fupradicti nuncii dom¹ archiepifcopi & capituli Viennen. caftrum de Chalmen fimiliter eodem *(f° lj)* modo receperunt & tenuerunt; prefentibus teftibus: P. Rochi, G. Raymundi, Guig. Omari, Rolando, Poncio Arnaudi & pluribus aliis.

HOMAGIUM W¹ MAUGIRON DOMICELLI.

ANNO Domini M° CC° L. VII, in craftinum beati Mauricii *(23 fept. 1257)*, in manibus dom¹ Jo(hannis) archiepifcopi, in capitulo generali, Wus Maugirons domicellus fecit homagium ligium pro rebus, juribus & aliis que fibi dederat P. Lupi canonicus: que omnia funt apud Chambo, & pro hiis tenetur facere fingulis annis 1. cereum unius libre in fignum homagii, juxta ordinationem canonici jam defuncti, videl. P. Lupi.

ITEM ALIA RECOGNITIO Wⁱ DUDIN.

ANNO Domini M^o CC^o L. VII, in craftino beati Andree apoftoli *(1er décemb. 1257)*, Guillelmus Dudins miles, in prefentia domⁱ Jo(hannis) archiepifcopi & capituli Viennenfis, recognovit fe tenere ab ecclefia Viennenfi quicquid habet & tenet in caftro & in mandamento d'Ornaceu, vel in pofterum adquirere poterit in eodem caftro & in mandamento ipfius caftri; recog-*(b)*novit etiam fe tenere ab eadem ecclefia quicquid habet & tenet a Valarnou, preter II. fol. cens. vel circa; & pro hiis homagium fecit & innovavit in manibus domⁱ J. archiepifcopi Vien.; recognovit etiam omnia que in eodem papiro retro continentur, videl. anno Domⁱ M^o CC^o L. I^o. Actum in porticu, ante portam novam ex parte meridionali, prefentibus pluribus canonicis Vienne, magiftro B. de Romanis, magiftro J. officiali, An. Vicarii milite & Oloverio de Torchifellon domicello & pluribus aliis, anno & die fupradictis.

DE RECOGNITIONE ERVISII DE PELADRU MILITIS.

ANNO Domini M^o CC^o LXIX, die veneris poft Natale beate Marie *(13 feptenib. 1269)*, Ervifius de Peladru miles recognovit quod quicquid habet in mandamento caftri d'Ornaceu vel alius habet ab ipfo, tenet in feodum a capitulo Viennenfi; item quod habebat in feodum a dicto capitulo domum fuam feu domos quas habebat in caftro d'Ornaceu, prout credit; & pro hiis fecit homagium dom. G(uidoni) Viennenfi archiepifcopo, recipienti nomine capituli *(v^o)* Viennenfis. Et dixit quod habebat circa XII. fol. Viennenfes cum Huberto Ervis, qui non funt de feodo fupradicto.

RECOGNITIO OLVERII DE TORCHIFELLON.

EODEM die & anno, fecit homagium dom. Guidoni archiepifcopo, recipienti nomine capituli; Oiiverius de Torchifellon miles, pro hiis que habet in feodum a fupradicto capi-

tulo verſus Torchifellon, prout ſupra ſunt in quadam litera
ſuper hoc ſigillata.

RECOGNITIO BERL. DE MONT FALCON.

EODEM anno, in craſtinum beati Mauricii *(23 ſept.)*,
Berlio de Monte Falcone miles fecit homagium dom° G.
archiepiſcopo Viennenſi, recipienti nomine capituli: ſalva
fidelitate domini noſtri G(uigonis) dom. Dalphini; recognovit ſe tenere a dicto capitulo quaſdam res que diu eſt a dicto
capitulo ceperat, prout in iſto papiro vel quaterno ſuperius
eſt expreſſum.

RECOGNITIO AY. DE BOCOSELLO DOMICELLI.

ANNO eodem, die veneris ante feſtum Omnium Sanctorum *(25 octobre 1269)*, Aymo de Bocoſello, domicellus, filius quondam dom¹ Gilii de Bocoſello, domini
de *(d)* Malo Becco, recognovit in preſencia dom. G(uidonis)
archiepiſcopi Viennenſis quod ipſe tenebat a dom. archiepiſcopo & capitulo Viennenſi caſtrum & mandamentum
de Rochi & omnia que habebat in dicto caſtro vel mandamento, vel alius ab ipſo, excepto quodam molari quod dicitur Vireus Leſartos, quod habet ut dicit a domino de
Turre; & pro hiis fecit homagium dom° G. archiepiſcopo
Viennenſi, recipienti pro ſe & capitulo Viennenſi. Actum in
galilea Sancti Mauricii, ex parte Fuiſſini, preſentibus teſtibus vocatis & rogatis: R. cantore, A. ſacriſta, B. Coyngdo,
Nicholao, Hu. de Vireu, canonicis, Jacobo de Ponte preſ-
bitero, Perrino, Jo. Gilberti, J. de Boſco, diaconis, Jofre.
de Chaſta, canonico de Romans, dom. P. de Candiaco,
Ay. Flamenc, Hu. de Broyſi, Hu. Cerlout, militibus, Ay.
Cathene, J. de Villa Nova, P. Ervis, domicellis, Hu. de
Toſeu, An. clericis, G. de Opere latomo, Ste. Cathene &
pluri-*(f° lij)*bus aliis; & ego Jo. de Mayreu, clericus &
notarius dicti capituli, interfui & omnia propria manu ſcripſi.
— QUOD TENETUR REDDERE. § Item recognovit dict. Aymo,
coram ſupradict. teſtibus & eodem loco & die, quod dict.
caſtrum & mandamentum tenebat reddibile a dom. archie-

piſcopo & capitulo Viennenſi, & quod dict. caſtrum redderet dicto d. archiepiſcopo vel capitulo vel eorum nuntio
quociens ſuper hoc fuerit requiſitus promiſit bona fide.
Actum ut ſupra.

HEE SUNT RECOGNITIONES QUAS DIMISIMUS IN PRINCIPIO
PAPIRI, SCILICET:

Anno Domini Mᵒ CCᵒ XXᵒ VIIIᵒ, iiiᵒ kalendas aprilis
(30 mars 1228), Hugo de Sanc Chamont miles, non
coactus, non deceptus nec circumventus ab aliquo vel ab
aliquibus, conſtitutus ad hoc ſpecialiter ſub preſencia domᵗ
Jo(hannis) archiepiſcopi Viennenſis, in jure confeſſus eſt ſe
tenere in feodum & habere ab archiepiſcopo & eccleſia Viennenſi terras & homines & omnia que ipſe vel alius pro eo vel ab
eo (habebat) apud Layel & in toto territorio de Layel; & hec
omnia accepit & recepit de manu domᵗ Jo. archiepiſcopi,
recipi-(b)entis recognitionem pro ſe & pro eccleſia Viennenſi.
Actum Vienne, in domo domᵗ archiepiſcopi ſuperiori, preſentibus Gilio cantore, Berl(ione) ſacriſta, Guig. de Sancto
Georgio archid(iacono), D. de Bello Videre, P. de Boteon,
Ja. de Monte Canuto, P. Lupi, P. Falavel, An. de Chinnins, canonicis; ego Jac. & c.   (CHARVET, p. 386).

DE CUSTODIA CASTRI.

Anno Domini Mᵒ CCᵒ XXXᵒ IIᵒ, in craſtinum beati
Johannis Baptiſte (25 juin 1232), cum Arbertus de
Bochoſello recepit Pupetum invenit ibi xxii. loricas, & vii.
baliſtas corneas, & vᵉ galeas, & x. capellos ferreos, ſcilicet
(vᵒ) novos & vᵒ veteres, & ii. culcitras, & ii. pulvinaria, &
ii. preſſas ferreas, & ii. malleos ferreos, & i. palam ferream
& vᵒ eſpes.   (CHARVET, p. 387).

DE RECOGNITIONE FACTA CORAM HUMBERTO ARCHIEPISCOPO
VIENNENSI PRO COMITATU VIENNE.

Egidius canonicus dicit quod Dalphinus homagium ligium
fecit Hu(mberto) archiepiſcopo Viennenſi pro comitatu
Viennenſi & pro hiis que adquirere poſſet infra comitatum
eundem, & audivit nominari tenementum de Forchiis; § item

interfuit quando hec eadem facta fuerunt coram Burnone
(v°) archiepifcopo, & ibi nominatum fuit quod durabat comitatus ab ecclefia Sancti Vincencii ultra Vorapium ufque
ad Furchas, & fecit homagium de hiis que tenebat & que
poffet adquirere infra eofdem terminos. ¿ De fecunda recognitione Poncius de Auriolo (dicit) idem per omnia quod
Egidius, tantum archiepifcopus B. tunc diftincxit terminos
illos & Dalphinus confenfit expreffe. ¿ De 11ᵃ recognitione
P. Lupi idem quod Egidius, fcil. de terminis dicit quod
dictum fuit a Vorapio ad Forchas. § Jacobus de Montibus
idem quod Eg. de fecunda recognitione. § Bernardus Correuz idem quod Egidius de prima recognitione, fet addit
quod termini fuerunt diftincti a Sancto Vincencio ufque ad
Furchas. ¿ Wᵘˢ Margoz archipresbiter de utraque recognitione idem quod Egidius, fet addit quod credit quod in prima
recognitione diftincti fuerunt termini a Sancto Vincencio
ufque ad Furchas; certus eft tamen quod in fecunda recognitione diftincti fuerunt termini fupradicti. ¿ Criftinus de
fecunda recognitione idem quod Egidius, excepto quod de
adquirendis non recordatur utrum fuerit expreffum; de terminis dicit a *(d)* Sancto Vincentio ufque ad Furchas d'Ar-
gentaut. § Nicholaus dicit idem de 11ᵃ recognitione quod
Egidius. § Wᵘˢ Eriauz dicit idem quod Egidius de prima
recognitione, fet non recordatur quod termini fuerint de-
nominati. ¿ Gilbertus de Vernout dicit de prima recognitione idem quod Egidius, fet addit quod Dalphinus recognovit ibidem quod comitatus Viennenfis durabat quantum
& diocefis Viennenfis.

§ Egidius, canonicus Viennenfis, juratus dicit quod ipfe
interfuit quando Da(lp)hinus fecit homagium ligium Huber.
archiepifcopo de comitatu Viennenfi, & fuit tunc expreffum
quod comitatus durabat ufque ad Furchas que dividunt
Viennenfem & Annicienfem diocefes, & dicit quod fuit expreffum tunc quod illud hominium fecit Dalphinus pro hiis
que tenebat tunc & que poftmodum adquireret in eodem
comitatu; item dicit quod fuit prefens quando idem Dalphi-

nus fecit hominium ligium pro eodem comitatu Burnoni
archiepifcopo, & tunc fuit expreffum quod idem comitatus
durabat ab ecclefia Sancti Vincencii ultra Vora-*(f° liij)*pium
ufque ad predictas Furchas, & fuit fimiliter expreffum quod
faciebat illud hominium Dalphinus pro hiis que tunc tenebat & que poftmodum adquireret in eodem comitatu. § Petrus Lupi juratus dicit idem per omnia quod Egidius de
hominio facto a Dalphino comite Burnoni archiepifcopo
Viennenfi, & de diftinctione terminorum & de adquifitis &
adquirendis in eodem comitatu. § Poncius d'Auriol juratus
dicit idem per omnia quod P. Lupi. § Nich. de Sancto
Petro, canonicus, juratus dicit idem per omnia quod P.
Lupi. § W^us archipresbiter juratus dicit idem per omnia
quod P. Lupi. § W.^us Ariauz facerdos juratus dicit de hominio facto a Dalphino Huber. archiepifcopo Viennen. idem
per omnia quod Egidius, excepto quod non recordatur quod
termini comitatus fuerint diftincti. Gi. de Vernou facerdos
juratus dicit de hominio facto a Dalphino Hu. archiepifcopo idem quod Egidius, excepto quod de terminis comitatus dictum fuit ut dicit quod durabat quantum diocefis
Viennen. L. § Barnardus Correuz juratus dicit idem quod
Egidius, fet de altero terminorum non plene recordatur, fcil. de ecclefia Sancti Vincencii. § Jaco-*(b)*us de Montibus juratus dicit idem per omnia quod Egidius, excepto
quod intelligit quod fuerunt diftincti termini aliqui quando
Dalphinus fecit hominium Huberto archiepifcopo, fet bene
recordatur quod fuerunt diftincti quando fecit hominium
Bur. archiepifcopo, fcil. quod diftinxit fuperius Egidius.
§ Criftinus juratus dicit idem quod P. Lupi, fed de terminis comitatus dixit quod fuerunt diftincti a loco verfus Vorapium ufque ad Furchas d'Argentau.

(Recognitio) Franconis de Claro Monte.

Anno Domini M° CC° XXX° IX°, iiii^c kalendas januarii
(29 décemb. 1239), Franco filius quondam Amedei
de Claro Monte, prefente dom^a Alays matre fua & Amedeo
Gras & Antelmo de Quinceu militibus, fecit homagium

dom. Jo(hanni) archiepifcopo & capitulo Viennenfi pro dominio, terris & poffeffionibus feu juridictionibus quas habet
vel adquirere poteft in caftro Sancti Georgii & in mandamento ejufdem caftri: recognofcens hec omnia effe de feodo
ecclefie Viennenfis. Actum in clauftro Viennenfi , prefente
A. cantore, G. facrifta, P. Falavel & pluribus aliis canonicis & clericis; & ego Vincencius notarius interfui.   *(vo)*

Noverint univerfi prefentes literas infpecturi, quod Berlio
de Monte Facone miles accepit in feodum ab ecclefia
Viennenfi homines, prata, vineas, curtilia, terras cultas &
incultas, fecundum quod ducit ftrata publica fubtus Ornaceu & de Larra verfus Pennovouz & fubtus domum Armanni
Efcofer, item fecundum quod tendit eadem ftrata & movet
de Larra & de les Granges verfus Orzeu ufque ad viam Cha-
reteri: & pro hiis homagium feu fidelitatem fecit, falva
fidelitate illi domino cui magis tenetur. Actum in camera
fuperiori archiepifcopi Viennenfis, in vigilia beati Antonii,
anno Domini M⁰ CC⁰ XL *(16 janvier 1241 n. ft.)*, prefentibus teftibus vocatis & rogatis: Ay. & A. cantoribus, G.
facrifta, Ar. de Bocofello, B. Comdo, P. Lupi, B. cabifcolo,
J. de Arenis, G. Ervis milite & pluribus aliis.

ITEM ALIA.

Noverint univerfi quod Roftagnus de Broent miles donavit & gerpivit ecclefie Viennenfi quicquid juris vel
fervicii, ufagii, confuetudinis habebat vel habere poterat
ratione dominii feu ho-(d)magii in curtili illorum de Vivers
vel in perfonis eorumdem hominum feu in liberis ipforum, nichil prorfus in hiis retinens; & hanc donationem feu
gerpicionem fecit in manibus Zacharie penitenciarii Viennenfis, in domo Rufe de Portu mulieris, prefentibus An.
cantore, priore Infule, J. Chalvet, Silvione facerdote, P.
Menabo & pluribus aliis, anno & menfe fupradictis *(16
janv. 1241)*. Super hoc habentur litere dom¹ archiepifcopi
Viennenfis.

RECOGNITIO HUMBERTI ERVIS.

Anno Domini M⁰ CC⁰ LXIX, in fefto Inventionis Sancte
Crucis *(3 mai 1269)*, Humbertus Ervis miles, volens

ftranfetare in tranfmarinis partibus, recognovit in prefencia dom. G(uidonis) archiepifcopi quod ipfe eft homo ligius capituli Viennenfis, quod ipfe tenet in feudum a dicto capitulo quicquid habet in parrochiis de Comella & de Valorneu, & quicquid adquirere poterit in eifdem : afferens quod dicte parrochie non funt in mandamento caftri; item tenet in feudum claufum fuum de Ornaceu del Peros Enfus, & quod tenet in feudum *(f° liiij)* a dicto capitulo tenementum al Galloz & prata fua circum ajacentia, & vineas & homines ibi fitas; item tenementum de le Runaces, que eft fubtus viam de Pennouz; item tenementum Durandi Forel & tenementum Melloret & medietatem nemoris de Monchardu & fextam partem dicti nemoris quam habet in alia medietate.

RECOGNICIO DOM. SILVONIS DE CLAYREU.

Anno Domini M° CC° LXX° III°, die lune ante feftum beati Benedicti *(19 mars 1274 n. ft.)*, dom. Silvo de Clayreu recognovit in prefencia dom. Guidonis archiepifcopi & capituli Viennenfis, quod ipfe tenet a dicto dom. archiepifcopo & capitulo Viennenfi caftra de Miribel en Valclayreu & de Bafternay in feudum; recognovit etiam quod dicta caftra funt & etiam reddibilia dicto dom. archiepifcopo & capitulo; & pro hiis fecit homagium dom. archiepifcopo, recipienti illud pro fe & capitulo Viennenfi, & promifit fidelitatem per juramentum dict. archiepifcopo & capitulo. Actum fuit in *(b)* galilea a parte Fuiffini, prefentibus dom. A. facrifta, B. Coyndo, G. de Vireu, G. Remeftaign, G. de Sayfuel, P. de Briort, canonicis, & Humberto de Sancto Valerio archipresbitero, Girardo Coyndo; & ego Johannes de Mayreu interfui & plures alii.   (CHARVET, *p. 408)*.

RECOGNICIO COMITISSE VIENNE ET ALBONIS.

Anno Domini M° CC° LXX°, die dominica qua cantatur Letare Jherufalem *(15 mars 1271 n. ft.)*, Ego Beatrix comitiffa Vienne & Albonis, tutrix liberorum meorum, facio homagium ligium dom. G(uidoni) Viennenfi archie-

---

(1) Voir LE LIÈVRE, p. 378; DU CHESNE, *Dauf.*, pr. p. 18; CHORIER, *Hift.*, t. I p. 805 & 807; CHARVET, p. 407.

piſcopo, recipienti illud pro ſe & capitulo Viennenſi, & re-
cognoſco quod teneo in feudum a dicto dom. G. archiepiſcopo & capitulo totum commitatum Albonis & caſtrum
Sancti Quintini reddibile ultra Yſaram, item caſtrum de
Malevalle reddibile : & hoc etiam recognovit nomine liberorum ſuorum, videl. Johannis, Aude, filiorum quondam
illuſtris viri dom. G(uigonis) dalphini Vienne & Albonis;
preſentibus Raymondo cantore, Anſelmo ſacriſta *(vo)*, Berlione Coyndo, G. de Vireu, P. de Marjays, G. de Lignon,
Antelmo de Chignins, G. Remetain, Aymaro del Bauz,
Hu. de Caſtro Novo, G. d'Autavilla, decano Valentino, canonicis Viennenſibus; item fratre Hugone de Rochifort, or-
dinis Predicatorum, magiſtro Roſtanno judice ſeculari,
Guicherdo priore Sancti Roberti, Petro priore de Langoni,
Martino de Maon, archipresbitero de Coyndreu, Jo. de Givorc
ſacerdote, Alberto Coyndo, Poncio de Lignon, clericis,
Humberto archipresbitero Sancti Valerii, Johanne de Ne-
more diacono, Martino Menabo laico, magiſtro Fulcone
canonico, magiſtro J. officiali, Guillelmo Goion capellano,
Antelmo Veier militi, Petro de Caſtro Novo, Alberto Bal
clerico, Raynaudo de Bolliaco milite, G. Raymont, Tho-
maſſeto Galiot clericis, Perrino diacono, *(d)* magiſtro G. la-
thomo, Jacobo de Poypia domicello, Johanne de Sancta
Maria layco, Hugone de Palacio, Syboudo Rovoyri, Johanne
Bajat, Bertholomeo de Valleta, clericis, Thoma Corder,
Guillelmo de Sancto Claro, Petro de Romans, G. Blain,
clericulis, Richerio de Bergoyn, Petro Agulier, Antelmo
Rigaudi, Hugone Boyſſet, Petro Graſſi, Stephano Torta,
Hugone de Burgo, Jacobo de Coſances, Guigone Remeſtayn, Guillelmo Remetaign, Guigone de Poypia,
Raynaudo de Balma, Petro Vireu, domino de Annonay,
dom. G. domino de Tollin, dom. Alamando de Coyndreu
& pluribus aliis fide dignis.

RECOGNICIO FILII DOM. JOFFREDI DE MOYRENC.

Anno Domini M° CC° LXX° VII°, die martis poſt Carniprivium vetus *(8 mars 1278 n. ſt.)*, Guillelmus de

Moyrenc, *(f° lv)* filius dom¹ Joffredi de Moyrenc, fecit homagium dom. G(uidoni) archiepifcopo Viennenfi, recipienti illud nomine fuo & ecclefie Viennenfis, & recognovit quod tenet in feudum reddibile caftrum de Rateres & Caftrum Novum de Galauro, prefentibus G. decano, Raymondo & G. cantoribus, Odone facrifta, P. Bovardi, B. de Chignins, A. de Coyndreu, Rollando de Baternay & Hu. de Sancto Valerio archipresbitero & pluribus aliis.

RECOGNITIO AYNARDI DOMINI DE CLAROMONTE.

ANNO Domini M° CC° LXXX° JII°, menfe marcii *(mars 1283-4 n. ft.)*, Ego Aynardus dominus de Claromonte confiteor me effe hominem ligium ecclefie Viennenfis, & illud homagium facio & recognofco in manu dom¹ Guillelmi fancte Viennenfis ecclefie archiepifcopi, recipientis illud pro fe & capitulo Viennenfi, & confiteor me tenere & in feudum reddibile fub pactis infrafcriptis, videl. caftrum & mandamentum *(b)* de Claromonte, item caftrum & mandamentum Sancti Georgii de Vaudayna, item caftrum & mandamentum de Crepolo, & quicquid poterit acquirere in dict. caftris; & pro omnibus hiis juro fidelitatem dicto dom° archiepifcopo, pro fe & dicto capitulo recipienti. Et fciendum quod conditio dicti feudi eft quod unus folus filius dicti Ay. debet effe heres dict. trium caftrorum, item quod quociens dict. archiepifcopus vel capitulum voluerint dicta caftra recipere vel dictus Ay. eifdem reddere, quod ipfi debent facere expenfas pro dict. caftris cuftodiendis, per hec eciam & quedam alia in quodam inftrumento continentur. Prefentibus dom° G. de Claromonte decano, R. cantore, G. de Vireu, H. de Vireu & pluribus aliis canonicis & clericis. Et ego Johannes de Mayreu, clericus & notarius fancte Viennenfis ecclefie, prefens interfui.   *(Charvet, p. 415).*

RECOGNITIO DOMINI DALPHINI DOMINIQUE DE TURRE¹.   *(f° 56 v°).*

(1) CHARVET a donné le texte intégral de cet hommage (p. 662-4) d'après l'original coté n° 3 C; voir LE LIÈVRE (p. 373-4), DUCHESNE (pr. p. 21), CHARVET (p. 416-8, traduct.) & notre Invent. de 1346 (n° 432). Par un autre acte du même jour (original à l'évêché de Grenoble & texte dans VALBONNAIS, t. II, p. 26-7), le dauphin s'engagea à fecourir l'archevêque & le chapitre de Vienne.

Anno Domini M° CC° LXXXIX°, die fabbati in craftinum beati Johannis Baptifte *(25 juin 1289)*, facit homagium G. Remeftayn junior, nomine Mathei & Guillelmi fratrum fuorum, in manu dom[i] G(uillelmi) archiepifcopi, recipientis nomine capituli, & recognofcit effe in feudum ea eciam que recognovit pater fuus, prout retro continetur in papiro.

Eodem anno & die, dom. Poncius de Roaneys recognofcit quod grangia de Chufella, que fuit dom[i] G. de Lignon, eft de dominio capituli & quod debet vi. denar. cenfuales dicto capitulo, & pro hiis facit homagium dom° archiepifcopo ad opus capituli.

Anno Domini M° CCC° XXIIJ°, die veneris in craftinum fefti beati Mauricii *(23 feptemb. 1323)*, in capitulo generali, dom[i] G(uillelmus) decanus & capitulum dant poteftatem dd. G. precentori, Guigoneto Romeft., Ja. Vetule & G. facrifte cognofcendi utrum dompnus P. de *(d)* Comennay teneat hofpitale Sancti Pauli canonice & fecundum jus, ad confilium fapientum, hinc ufque ad feftum Omnium Sanctorum.

Item dant poteftatem dd. Th. de Vaffalliaco, archidiacono Lugdunenfi, Sy. miftrali & Rich. de Chaufenc, facrifte Romanis, G. de Rofilione, Hugoni de Malo Becco & Hugonino de Candiaco ponendi fupra chorum abfque ordinibus & mitigandi ftatutum ad confilium fapientum, dum tamen poffit fieri fine perjurio, ita quod ipfi jurent & dent licteras quod ipfi non habeant vocem in capitulo nec percipiant in divifionibus terrarum quoufque fint in facris, nifi inpetraverint a fede apoftolica.

Item volunt quod Matheus, filius dom[i] Johannis de Balma, ponatur in choro. — Item continuunt capitulum ad diem fabbati fequentem ad omnia. *(f° 57)*

Anno Domini M° CCC° vicefimo quinto, videl. ultima die januarii *(31 janvier 1326 n. ft.)*, convocato capitulo fancte Viennenfis ecclefie ad fonum campane, prout

moris eft in ipfa ecclefia capitulum convocare, videl. viris
ven^{bus} dd. G. de Claromonte decano, Hunberto de Claromonte archidiacono, Guigone Remeftain juniore, Jacobo
Vetule, Guillelmo de Befant, Aynardo de Crollis & Guillelmo de Veriaco, canonicis & reffecturario dicti capituli,
ex una parte, & illuftri viro dom. Guillelmo Alamandi,
domino Vallisbonefii, filio quondam domⁱ Guig. Alamandi,
ex altera; dictus, inquam, dom. Guillelmus dominus Vallisbonefii confitetur, ad requifitionem predicti capituli, fe
tenere ab eodem capitulo & de feudo ipfius capit. caftrum
de Muruel fub formis, modis & conditionibus quibus dict.
d. Guigo pater quondam dicti d. G. alias recognovit a predicto capitulo; & fuit actum quod, quocienfcumque predict.
capitulum vellet informare & informaret dict. dominum
Vallisbonefii per inftrumenta publica quod dict. dominus
Vallisbonefii in plus teneretur, quod illud plus dict. dominus Vallisbonefii facere teneatur & fi plus fecit in recognitione predicta (b) quam pater fuus olim fecerit, quod eidem
dom° G. non poffit in aliquo prejudicari, & fi quam com-
miffionem de dicto feudo dictus dom. G. vel pater fuus
vel eorum predeceffores incurrerint, illam commiffio-
nem eidem dom. G. quittant, remittunt atque folvunt.
Quibus peractis, dictus dom. G. fecit homagium de dicto
feudo & ratione ipfius dicto dom. decano, recipienti nomine
fuo & dicti capituli, fub proteftationibus fuis fupradict. quas
fibi vult fore falvas, & dict. d. decanus, nomine fuo & dicti
capituli, dictum dom. G. de dicto feudo ad ofculum recepit,
retinuit & inveftivit, prefentibus teftibus nobili viro dom.
Johanne Berengerii, domino Morgiarum, Petro de Avalone,
Petro Clareti & Johanne de Auriis. (CHARVET, p. 457). (v°)

FEODUM GUILLELMI LAMBERTI DE COYNDRIACO.

ANNO Domini mill'o tercentefimo vicefimo primo, die
jovis poft feftum beati Mauricii (24 feptemb. 1321),
continuato capitulo a die mercurii precedenti ufque ad dict.
diem jovis, nobilis vir Guilleimus Lamberti de Coyndriaco
domicellus recognovit in prefencia ven^{lium} virorum dd. G(uil-

lelmi) archiepifcopi, G(uillelmi) decani & tocius capituli
Viennenfis & pluribus aliis fidedignis , ad requifitionem capituli & obed(ienciarii) Sancti Clari, quod ipfe Guil. Lamberti tenet & tenere vult ad feodum francum a dict. capitulo
& obedienciario S^i Clari quamdam vineam ipfius G. fitam
apud Sanctum Clarum, que vocatur vinea del Monttillier,
fitam juxta vineam Mathei de Genas & juxta Rodanum &
juxta lo Montillier & juxta iter per quod itur de portu
Coyndriaci en Umbeuz; promittit & recognofcit, pro fe & fuis
heredibus & fuccefforibus & habituris in dicta vinea tamen ab
ipfo, effe ecclefie fidelis & facere ipfe & fui ecclefie & obedienciario que in talibus debent fieri; prefentibus & recipientibus
dictis dd. G. archiepifcopo, G. decano, Guig. precentore,
alias cantore, Hum. , Sy. miftrali, G. Coyndo, Ja. Archin-
jau , canonicis & pluribus aliis, Alamando Gilberti de Coyndriaco domicello & pluribus aliis fidedignis; & me Stephano
de Opere, milite & notario in ecclefia Viennenfi , qui prefens dicte recognitioni fui.   *(d)*

FIDELITAS DOM. JOFFREDI DOMINI CLARIMONTIS.

Anno Domini mill'o tercetefimo vicefimo octavo, quarto
nonas novembris, videl. die mercurii in craftinum Omnium Sanctorum *(2 novemb. 1328)*, in capitulo generali ,
Nos Joffredus dominus Clarimontis miles confitemur nos
effe hominem ligium ecclefie Viennenfis, & illud homagium
facimus & recognofcimus in manu dom' Bertrandi fancte
Viennenfis ecclefie archiepifcopi, recipientis illud pro fe &
capitulo Viennenfi, & confitemur nos tenere a dicto capitulo
in feodum fub pactis infrafcriptis caftrum & mandamentum
de Claromonte reddibile, item caftrum & mandamentum
Sancti Georgii de Vaudayna reddibile, item caftrum &
mandamentum de Creypol reddibile, & quitquid poterimus
nos & heredes feu fuccefsores noftri in dict. caftris vel mandamentis vel eorum altero aquirere, item caftrum & mandamentum de Valferra; & pro hiis omnibus fidelitatem ju-
ramus dicto dom° archiepifcopo, recipienti pro fe & nomine
capituli fupradicti. Et fciendum quod conditio dicti feodi eft,

quod unus folus filius dicti dom' Joffredi debet effe heres
dict. caftrorum, item quod quociens dom. archiepifcopus
Viennenfis vel capitulum voluerint dicta caftra recipere vel
nos dict. Joffredus eifdem reddere, quod ipfi debent facere
expenfas pro dict. caftris cuftodiendis de fuo, *(fº 58)* prout
hec & quedam alia continentur in quibufdam litteris quas
penes fe habet capitulum antedict. Prefentibus ad hec vocatis teftibus dd.   domino Montis Canuti, Johanne
Alamandi, domino de Lent, Hugone de Peladru, militibus, Guillelmo de Claromonte decano, Humberto archidiacono, Syboudo miftrali, d. Guillelmo de Sura, archidiacono Lugdunenfi, Lamberto de Cand(iaco) fubcentore,
Guillelmo de Vireu, Petro de Verneto, Humberto Lumbardi cabifcolo, Arthaudo de Salfac & Guigone de Amayfino facrifta, canonicis Viennenfibus, d. Jacobo de Aquis,
legum profeffore, canonico Gebennenfi, & pluribus aliis
infinitis canonicis, clericis & presbiteris ecclefie antedicte,
& etiam laycis plurimis ad predicta prefentibus & rogatis,
& me Petro de Byoil, presbitero Viennenfi, curie officialatus Vienne jurato & notario capituli memorati; datum
anno & die quibus fupra.

FIDELITAS JOHANNIS DE MONTE FALCONE DOMICELLI.

Eodem anno, die *(2 novemb. 1328)* & teftibus, in capitulo generali, Johannes de Monte Falconis domicellus
confeffus fuit & recognovit fe tenere in feodum & de feodo
dd. archiepifcopi & capituli homines, prata, pafcua, vineas,
(b) curtilia, nemora, aquas & earum ductus, terras cultas
& incultas, cenfus, fervicia & ufagia, quocumque nomine
cenfeantur, fecundum quod ducit ftrata publica fubtus Ornaceu & de Larra verfus Pennotz & fubtus domum Arman-
nin Efcofer, item fecundum quod ducit eadem ftrata de
Larra & movet de les Granges verfus Corzeu ufque ad viam
Charreri, & quicquid habet, tenet, poffidet vel quafi infra
eofdem terminos, quocumque nomine cenfeantur, ite tenementum de Armennays fitum juxta viam que tendit ab
Ornaceu verfus Cerzeu ex una parte & juxta prata & terras

que fuerunt dom¹ Humberti d'Armennayȝ ex altera , item quamdam vineam fuam que appellatur li Girineri, fitam juxta claufum dicti Johannis ex una parte & juxta viam que tendit ab Ornaceu verfus les Granges ex altera; & quod eft homo eorumdem d. archiepifcopi & capituli, & homagium & fidelitatem eifdem facere tenetur pro predictis, falva fidelitate unius domini. Quibus confeffione & recognitione factis, idem Johannes pro predictis homagium fecit rev^{do} domino dom° Bertrando archiepifcopo Viennenfi, recipienti nomine fuo & capituli fupradicti manualiter coram dicto notario & teftibus quibus fupra , promittens idem Johannes de Monte Falconis dict. d. archiepifcopo & capitulo *(v°)* ftipulantibus follempniter , quod erit fidelis & faciet eifdem quicquid facere debet & tenetur pro feodo fupradicto, ac predicta fe tenere, attendere & c. bona fide & c., prout hec eciam continentur in quadam littera recognitionis quam dict. Johannes fecit alias de predictis , confecta per manum Johannis de Sayfello clerici, quam penes fe habet capitulum antedict.; prefentibus teftibus quibus fupra , & me dicto Petro de Bioyl, *ut fupra...* tuli antedicti , qui formam & fubftantiam dicte prefentis recognicionis ac predicta confinia mandato dicti Johannis de Monte Falconis affumpfi ab alia littera fupradicta.

FIDELITAS AYNARDI DOMINI CLARIMONTIS.

Anno Domini M° CCC° XXXIIJ°, xviij⁽ᵃ⁾ die menfis feptembris *(18 feptemb. 1333)*, Aynardus dominus Claromontis, filius dom¹ Joffredi domini Clarimontis condam , confitetur fe effe hominem ligium ecclefie Viennenfis, & illud homagium fecit & recognovit in manu rev^{di} domi d. Bertrandi S° Viennenfis ecclefie archiepifcopi *(ut fupra, p. 111, l. 26)...* & confitetur fe ten... *(l. 29, ect.)* reddibilia... *(l. 30)* Vaudainia... *(l. 31)* Crepol reddibilia , item caftrum & mandam. de Valle Serra reddibilia, & quicquid poterit ipfe & heredes fui in dict. caftris & mandam. vel eor. alt. acquirere aut ejufdem Aynardi fucceffores inpofterum; & pro hiis *(l. 34)..* juravit... *(l. 37)* dicti Aynardi... *(l. 40)* vel dict.

Aynardus... *(l. 43)* capit. Viennenſe: quod homagium idem
Aynardus fecit manualiter eidem domᵒ archiepiſcopo, recip.
nom. ſuo & capituli anted. Quibus peractis, dicti d. archiepiſcopus & capitulum dictum Ay. retinuerunt & inveſtierunt
de feodo ſupradicto, preſentibus teſtibus ad hec vocatis dd.
Hugone de Capella & dicto *(fᵒ 59)* lo Bochu de Reviria,
militibus, Petro Borgorelli, Guillelmo Bergaci & Johanne
Coſte presbitero, notariis, & pluribus aliis infinitis, & me
Petro de Byol, jurato & notario capituli eccl. Vien. & curie
officialatus Vienne.

COMPOSITIONES INTER CAPITULUM ET SACRISTAM ECCLESIE VIENNE FACTE.

Noverint univerſi preſentes litteras inſpecturi, quod ſuper
omnibus querellis que vertuntur vel verti poterant inter
G(uigonem) ſacriſtam Vienne ex una parte & Capitulum &
anniverſaria Viennenſis eccleſie ex altera, ſuper gravaminibus illatis ſacriſtie a capitulo pro feſtis de novo creatis &
pro anniverſariis, in pulſatione campanarum & cera & thure,
item ſuper aliis querellis quas habebant vel habere poterant
adinvicem, venerabili patre J(ohanne) archiepiſcopo Vienne,
Philippo decano in capitulo generali preſentibus & conſen-
cientibus, compromiſſum fuit ſub pena quinquaginta librarum in dominos Drodonem de Bellovidere cantorem, Arber.
de Boſſuzello & Hugonem de Paladru, canonicos Viennenſes, ut quitquid hii tres diffinirent, *(b)* dicerent vel ordina-
rent ſuper hiis de cetero ſervaretur; & quia ſacriſtia ſpectat
ſemper ad collationem dom. archiepiſcopi, dictus J. archiepiſcopus compromiſit in ſupradict. tres, ſupermet or(din)a-
tione facienda eidem ſacriſtie de redditibus ſuis ad arbitrium
eorumdem. Supradicti igitur arbitri vel arbitratores ſeu amicabiles compoſitores, viſis & intellectis racionibus utriusque
partis & diligenter inſpectis, ſic dixerunt & ordinaverunt :
quod ſupradictus J. archiepiſcopus det & aſſignet dicte ſacriſtie feudum de Monriſies, quod fuit quondam Berlionis
qorrearii Vienne, cum ſuis apendiciis, in quo feudo accipiunt filii quondam Guigonis Malamochi quartam partem ;

item det & aſſignet quartonem & dominium vinee que fuit
Petri Correiart, que eſt apud Turut juxta vineam ſacriſtie;
item & aſſignet dom. J. archiepiſcopus cenſum & dominium
orti qui eſt juxta Rometam a rivo Fuiſſini uſque ad ortum
magiſtri Reynardi; item dittum fuit & ordinatum quod
ſacriſta libram unius clerici recipiat, ſcilicet quatuor denar.
in libra, & nichilominus recipiat illud quot conſuevit recipere
pro magnilariis in magnis ſolempnitatibus: cadat tamen
denarius quod ſolebat recipere quothidie magnilarius in
libra; item dictum fuit & ordinatum quod capitulum faciat
perpetuo eidem ſacriſtie triginta ſolid. ſingulis annis, & nichilominus (v°) ſolvat eidem Lᵃ ſol. & vij barralos vini puri
pro decima & xii den. cens. pro quadam via que eſt apud
Fuiſſins; item dictum fuit & ordinatum quod dictus G.
ſacriſta ad opus ſacriſtie perpetuo ſignet & acquirat quindecim ſol. cens.; item dictum fuit & ordinatum quod cuſtodia
clavium theſauri pertinet ad capitulum; oblationes vero,
quocienſcunque fient ob reveranciam capitis beati Mauricii, dun modo non ſit ſuper altare in paramento, communiter ſint capituli & ſacriſte: quando vero capud
eſt ſuper altare in paramento oblationes ſunt ſacriſte,
excepto quod a veſperis vigilie beati Mauricii uſque in
craſtinum ad primam, excepto auro & panno ſerico,
ſunt capituli; item habeat ſacriſta ad minus quinque lam-
pades coram certis altaribus ecclefie Sancti Mauricii, &
bonas perſonas & honeſtas ad cuſtodiam ecclefie & pulſa-
tionem campanarum & ad hoc ſpecialiter deputatas, &
mundet eccleſiam a ſummo uſque deorſum inferius & ſuperius ſemel in anno in ebdomada ſancta, & ſolium ejuſdem
quocienſcumque neceſſe fuerit, & omnia alia que ad officium
ſuum pertinent, ſecundum quod decet honeſtatem eccleſie,
honorifice faciat & complete; item dictum eſt & ordinatum
quod ſacriſta, qui pro tempore fuerit, capitulo vel anniverſariis, licet feſta vel anniverſaria ſeu alia honera ſuper ex-
creſcant (d), nullam moveat de cetero queſtionem. Actum
in capitulo generali quod celebratur in craſtinum Carni-

previi veteris, anno Domini millefimo CC^mo XLVIII *(22 févr. 1249 n. ft.);* in cujus rei teftimonium & rei gefte memoriam, hec in fcriptis redacta funt & figillorum dom^i J. archiepifcopi & capituli fupradict. inpreffione munita; datum per manus Vincencii ejufdem capituli notarii.

Datum pro copia a proprio originali lictere originalis, tribus figillis figillate, collatione facta per nos notarios fubfignatos.

De Bosco.　　Morerii.

Apud Viennam decimæ ad archiepiscopum pertinentes[1].

Item habet dominus a porta Sancti Martini ufque ad pontem epifcopi & exinde ufque ad ecclefiam Sancti Romani, a parte dicti pontis epifcopi, & a dicta ecclefia Sancti Romani ufque a la Chatveteri, fequendo metas territorii Montis Salomonis, & exinde ufque ad Brotias Sancti Andreæ monachorum Viennenfium, quæ vocantur Brofiæ de Brianz, & exinde ufque alga de Berlen, videl. alga de Cufella, & exinde ufque ad grangiam domus Dei & ufque ad nemus de Cues, & exinde ad Rhodanum ufque ad Viennam, in quolibet homine excolente ad boves pro quolibet jugo boum quatuor gerbas, & quilibet homo fine bove duas gerbas, qui excolunt inter dictas metas.

(1) Fragment fourni par le ve reg. ms. de Valbonnais, n° 140 *(Terrier de l'églife de Vienne,* f° 51).

INCIPIUNT COMPOTA SEU RATIONES ANIVERSARIORUM
DE ANNIS PRETERITIS.

Anno Domini M° CC° XLI°, in craftinum beati Johannis
Baptifte, procuratores aniverfariorum reddiderunt rationem, & fuit fumma eorum que receperunt VIII^m folid.
& xxx. ii libr. & x fol.; § fumma vero expenfarum tocius
anni IX^m folid. & xlvi libr. & xvi fol.: & fic debentur eis
lx^a iiii libr. & vi fol. ⁊ Summa autem debitorum anni preteriti lxix libr.; & ita fumma tocius X^m & xxx. fol., excepto
debito domini de Claro Monte quod eft iiii^or annorum;
unde fuperfunt recuperatis omnibus c & v. fol.

4. Anno Dom^i M° CC° XLII°, procuratores aniverfariorum...

5. An. Dom. M° CC° XLIII, B. cabifcolus & J. Chalvez... receperunt... ab archiepifcopo Patracenfi lx. libr. De
hiis pofuimus in terra...

6. An. Dom. M° CC° XLIII, in craftino b^i Joh. Bapt...

7. An. Dom. M° CC° XL. IIII, in craftino b^i Johannis
Bapt...; recep... de decretis magiftri Petri de Sancto
Theuderio xxii lib..., l^a libr. debet pro jornali de chalenda
may, it. ab epifcopo Arfodienfi lix lib...

8. An. Dom. M° CC° XLV°,.. de decretis magi P. Sopa
xxii lib... De hiis pofuerunt in opere Sancti Mauricii lx lib.
quas recepit facrifta, in emptione decime Sancti Savini lii
lib...; pro ponte Rodani debentur VII^xx lib.., de *quibus*
folute funt centum lib.

9. An. Dom. M° CC° XL. VI,.. P. Menabo facto refec-
tor(ar)io..; recep... pro archiepifcopo Ebridunenfi lx lib.
quas folvit dom. J(ohannes) archiepifcopus Viennenfis frater
ejus... De hiis pofuerunt in adquificionibus... apud Do-
mayrin IIII^m & xxv lib...

10. An. Dom. M° CC° XL. VIJ°,.. recep... xx lib. a Bonevallenfibus... De denariis adquificionum habuit... capitulum Viennenfe IX^{xx} lib. ad edificia Pupeti & Montis Salomonis in terra de Perafac...

11. An. Dom. M° CC° XL. ,VIII , in generali capitulo fefti b^i Johannis Bapt...; recep... a Fratribus Minoribus IIII lib. pro anniverfar. a la Remeftaygni... De hiis pofuimus pro caftro novo IIII^m fol. & xII lib... Recep... exequiis Soudane mulieris c & x fol...

12. An. Dom. M° CC° XL. IX°, in craftin. b^i Joh. Bapt...

13. An. Dom. M° CC° L°,.. B. Comdo, Saturnino factis procuratoribus aniverfariorum...... de 1° anno, 2° & 4° adminiftracionis fue...

14. An. Dom. M° CC° LI°, in craftin. b^i Johannis Bapt...; recep... pro Fratribus Minoribus LII lib. quas debebant pro pofeffionibus & dominio que emerant, pro falterio glofato xII lib... Expend... abbati Sancti Theuderii VIII^m fol...

15. An. Dom. M° CC° L. II°, in craftin. b^i Johannis Bapt..; X^m fol... debet dom. archiepifcopus..; recep... ab abbate S^i Theuderii VIII^m fol...

16. An. Dom. M° CC° L. III°..; expend... abbatiffe vi. lib. pro cenfibus de Tercins..; X^m fol. folvit archiepifcopus... An. eod., in craftin. b^i Johan. Bapt...

17. An. Dom. M° CC° LIIIJ°, die fabbati ante feftum b^e Marie Magdal...; recep... pro IIII^{or} bociis xx fol..; opus debet VII^{xx} & x lib.., pedagatores LXX lib.

18. An. Dom. M° CC° L. V°, in craftinum b^i Johannis Bapt..; recep... de pedagio LXX lib..; adquis... in negotio W^i...

19. An. Dom. M° CC° LVI°, in capitulo b^i Joh. Bapt..:

20. An. Dom. M° CC° L. VII, defuncto Zacharia dompno Helemofine, qui tenebat adminiftrationem denariorum adquificionum, fecundum quod invenimus in fcriptis ejus..; recep... vi lib. pro x fefter avene..., ab execùtoribus decani xxxvIII lib. minus III fol..., a... IIII^{xx} lib. pro Hu(gone) decano..; expend... xII den. pro avena portanda, it. vI den.

pro quad. litera figillanda, it. xii lib. pro i fefter frumenti empto... cenfus.

21. An. Dom. Mᵒ CCᵒ LVIIIᵒ.. ; recep. pro aniverfar. Hug(onis) decani IIIIˣˣ vii lib. & ii fol. ; expenfe... in caftrit de Chalmen & de Alta Ripa IIIIˣˣ & x lib. (habuit capitulum), it. matri domini de Alta Ripa c fol. (quos dedit capitulum)...

22. An. Dom. Mᵒ CCᵒ LIXᵒ, in fefto bⁱ Johannis Bapt..; recep... ab archid(iacono) Carturienfi xii lib. & xviii fol. pro aniverfar. Hug(onis) decani:.; expend... domᵒ Hug. de Turre VIˣˣ lib. mutuo...

23. An. Dom. Mᵒ CCᵒ LXᵒ..; recep... a Jacoba monacha Sancti Andree xx lib. pro anivers. Saturnini presbiteri.

24. An. Dom. Mᵒ CCᵒ LXᵒ, in craftino bⁱ Joh. Bapt.

25. An. Dom. Mᵒ CCᵒ LXIᵒ, in craftin. bⁱ Joh. Bapt.

26. An. Dom. Mᵒ CCᵒ LXIᵒ : iftud invenies in ftatutis (p. 17).

27. An. Dom. Mᵒ CCᵒ LXIIᵒ, in craftin. bⁱ Joh. Bapt.

28. An. Dom. Mᵒ CCᵒ LXIIJᵒ, die veneris poft feftum bⁱ Johannis Bapt...; recep... xx lib. pro anivers. P. Saturnini quas folverat abbatiffa...

29. An. Dom. Mᵒ CCᵒ LXIIIIᵒ, in craftin. bⁱ Johan. Bapt.; recep. ab abbatiffa Sancti Andree monialium Vienne xx lib. pro anivers. P. Saturnini.., a P. de Aquis lxviii lib. pro Hug(one) card(inali)...

30. Hec funt que expendit B. Comdos de ii annis *(an. 1265)*.

31. An. Dom. Mᵒ CCᵒ LXVIᵒ, in craftino bⁱ Johan. Bapt..; recep... a magiftro Hofpitalis de Burgondio x lib. pro firmamento campi Mart. Prepofiti, videl. cujufd. contamine que eft juxta grangiam dicti Hofpitalis, & debet dict. campus aniverfariis i feft. frum. cens...

32. An. Dom. Mᵒ CCᵒ LX. VIIᵒ, in craftino bⁱ Johan. Bapt...

33. An. Dom. Mᵒ CCₒ LXVIIIᵒ, die martis in vigilia Affumptionis bᵉ Marie...

34. An. Dom. M° CC° LXIX°, die martis in craftinum b° Marie Magdalene... Eod. an., die jovis ante feftum bᵢ Andree, prefente dom. Guig(one) archiepifcopo Viennenfi & capitulo..; expend... dom° Hervyfio de Pufinia militi IIIIˣˣ & xɪ lib. pro medietate (cenfus denariorum) Sancti Jufti.., it. P. de Malatrayt militi c fol. per les drualies Sancti Jufti, it. ɪɪɪɪ lib. pro laudamentis filiorum & filiarum atque fororum domⁱ E. de Pufinia & pro litera domini de Turre habenda...

35. An. Dom. M° CC° LXX°, in craftin. bⁱ Johan. Bapt.

36. An. Dom. M° CC° LXX° I°..; recep... a Symone de Palatio cc lib. quas legavit Stephanus archidiaconus Canturienfis.., a priore Sancti Donati ʟx lib. quas legavit Stephanus archidiaconus Canturienfis..., a priore Sancti Donati ʟx lib. quas debebat pro anniverfar. bone memorie domⁱ Jo(hannis, quondam archiepifcopi Viennenfis...

37. An. Dom. M° CC° LXX° II°, in craftin. bⁱ Johan. Bapt..; recep... a d. B. Coyndo ʟx lib. pro anniverfar. domi Guillelmi de Poypia, cantoris Lugdunenfis.., it. a magiftro Bartholoto xx lib. fterligorum pro c lib. Viennen. quas legaverat dom. Bonefacius bone memorie, archiepifcopus Canturienfis..; expend... mag° Bertholoto de Villa Nova c fol. pro recuperandis c lib. quas legaverat dom. Bonefacius quondam archiepifcopus Canturienfis...

38. An. Dom. M° CC° LXX° III°, in craftin. bⁱ Johan. Bapt... An. eod., die mercurii poft feftum bⁱ Martini, prefentibus in capitulo Viennenfi dd. Gauffrido de Claromote decano, Raymondo cantore, A. facrifta, Guiffredo & Humberto de Vireu fratribus, Antelmo de Chinino, Guigone Remeftain, Nycholao de Alta Rippa, Petro de Briort, Burnone de Chinino, Hugone de Caftro Novo, G. de Balma & Poncio de Lignone canonicis...

39. An. Dom. M° CC° LXXIIII°, in craftin. bⁱ Johan. Bappt.. ; habuimus de Jacobo Caorcini IIᶜ lib. Viennen. pro anniverfar. domⁱ Henrici Hoftienfis cardinalis, it. hab. a Guillelmo de Roffillione c lib. de legato domⁱ Ay. domini

de Annonay..; poſita... pro druariis dom¹ Oſtienſis recuperandis & mag. P. de Grangia ʟx ſol... Eod. an., in craſtin.
bᵢ Mauricii...

40. An. Dom. M° CC° LXXV°, die ſabbati in craſtinum
Omnium Sanctorum...

41. An. Dom. M° CC° LXXVI°, in craſtin. Omnium
Sanctorum...

42. An. Dom. M° CC° LXXVII°, die martis ante feſtum
bᵢ Gervaſii.., preſentibus d. G(aufredo) decano, Ray. cantore, G. de Vireu cantore, P. de Marjays, Petro de la
Borgia, Hu. cabiſcolo, G. Remetain, B. de Chignins, G.
de Sayſuel, Syboudo Rovoyri, Hu. de Vireu, Boſone
Poutrenc, Alberto Coyndo, P. de Briort, Alamando de
Coyndreu, Girardo Coyndo.

43. An. Dom. M° CC° LXXVII°, die jovis poſt feſtum
bᵢ Benedicti..; die veneris ſequenti...

44. An. Dom. M° CC° LXXVII°, nonas junii..., preſentibus G(aufredo) decano, Ray. & G. cantoribus, B. de
Chignins, G. Remetain, A. de Coyndreu, G. de Balma &
pluribus aliis. — An. eod., die veneris predicta, magʳ B.
d'Anjo, executor dom¹ A(nſelmi) condam ſacriſte Viennenſis, reddidit computum... pro dicto d. ſacriſta..: recep... a decano Valentino c ſol. pro hiis que debebat pro anniverſar. bone
memorie dom¹ Johannis condam archiepiſcopi Viennenſis..,
ab abbate Sancti Petri foris portam xxxɪɪɪɪ lib. pro anniverſar. dd. Saignier presbiteri.., a dom° G. Remetaig ʟ lib. &
x ſol. annuos apud Reventins ut inde libretur in feſto beat
Mauricii ad matutinas ad Benedictus..; expend... dom° archiepiſcopo Vᶜ lib. pro redditibus de Reventins, de Comennay & de Archeu & quibuſd. aliis quas habuit dom. G.
de Belloviſu..; debet dom. decanus xxx lib. pro bibliotheca
abbatis Sancti Theuderii...

45. An. Dom. M° CC° LXXIX , die jovis poſt feſtum
bᵢ Valentini...

46. An. Dom. M° CC° LXX° VIII°, die martis in vigilia
bᵢ Petri apoſtoli..; recep. ʟx lib. pro altari dopni Vincencii.

recep... pro domo que eſt ante portam Bonarum Vallium venditam...

47. An. Dom. Mº CCº LXXXº, viɪʲº ydus octobris..; recep... a dom. decano xxx lib. quas debebat pro abbate Sancti Theuderii.., de quod. cipho argenti qui fuit domⁱ G(uidonis) archiepiſcopi xxɪɪɪ lib., it. de quod. cipho auri qui fuit predicti domⁱ G. bone memorie archiepiſcopi habuimus c & ɪɪ lib. & xv ſol..; ſolver... domº G. de Vireu ʟx lib. ut faciat aniverſar. ſuper domo ſua bo. me. domⁱ G. archiepiſcopi,.. it... capitulo Viennenſi ſeu eorum procuratoribus ʟx lib. ut faciant aniverſar. pro anima bo. me. domⁱ G. archiepiſcopi..; expend. in nunciis & licteris xxxɪɪɪ ſol.

48. An. Dom. Mº CCº LXXXº Jº, die lune ante Rogaciones...

49. An. Dom. Mº CCº LXXXº IIº, menſe novenbris...

50. An. Dom. Mº CCº LXXXº IIº, die veneris ante feſtum bⁱ Mathie apoſtoli...

51. An. Dom. Mº CCº LXXXº IIIº, die veneris poſt feſtum bⁱ Andree..; ſuperſunt VIIIˣˣ & ɪɪɪ lib. & xv ſol... quas conceſſerunt canonici qui preſentes erant... in capitulo... quod ponerentur in edificatione domus que eſt ante Sanctum Ferreolum, que fuit combuſta.

52. An. Dom. Mº CCº LXXXº IIIIº, die martis ante Paſcha...

53. An. Dom. Mº CCº LXXXº VJº, die lune ante Paſcha...

54. An. Dom. Mº ÇCº LXXXº VIJº, die mercurii in craſtinum bⁱ Martini yhemalis... An. eod., die veneris poſt dict. feſtum bⁱ Martini...

55. An. Dom. Mº CCº LXXXXº, die veneris poſt octabas Paſche..; expens... pro molendino de la Rocheta, pro inundacione aquarum, ʟxxɪ lib. & ɪɪɪ ſol. & xɪ den.

56. An. Dom. Mᶜ CCº LXXXXº, die martis in vigilia Omnium Sanctorum..; recep... ab executoribus domⁱ G. de Vireu ɪɪɪɪ lib. & x ſol. pro aniverſar. domⁱ Jo(hannis) ar-

chiepifcopi..; habuit dom. Gauffridus de Claromonte decanus xxx lib. de mandato capituli ad opus foffalium de Comennay...

57. An. *eod.*, die veneris ante feftum b¹ Martini hyema-
lis..; die dominico in craftin. b¹ Adzonis.. ; die dominico
preced.. : item pro fepultura domᶜ Audis & quibufd. aliis
expenfis (xv lib).

58. An. Dom Mᵒ CCᵒ LXXXXᵒ IIIIᵒ, die lune fanᶜta
videl. ii idus aprilis...

INCIPIUNT RATIONES VEL COMPOTA REFECTORARIORUM DE ANNIS PRETERITIS.

Anno Domini Mᵒ CCᵒ XL primo, procuratores capituli
Viennenfis reddiderunt rationem & fuit fumma omnium
receptorum XIXˣˣ & xlibr. & x fol.; § fumma vero expenfarum XVIˣˣ & ix libr. : & ita debent LXI libr. Viennenfis
monete.

59. Anno Domi Mᵒ CCᵒ XLIIᵒ ...

60. An. Dom. Mᵒ CCᵒ XLIIIᵒ, in craftino b¹ Johannis
Bapt..

61. An. Dom. Mᵒ CCᵒXLIIIIᵒ, in craft. b¹ Johan. Bapt...

62. An. Dom. Mᵒ CCᵒ XLVᵒ, feria iiᵃ poft feftum b¹
Joh. Bapt...

63. An. Dom. Mᵒ CCᵒ XL. VIᵒ, in craftin. b¹ Johan.
Bapt...

64. An. Dom. Mᵒ CCᵒ XVIIᵒ, in craftin. b¹ Johan.
Bapt...

65. An. Dom. Mᵒ CCᵒ XL. VIIIᵒ, in craftino b¹ Johan.
Bapt..: fuma expenfarum preter Canales & de ecclefia &
de confratria...

66. An. Dom. Mᵒ CCᵒ XLIX₀...

67. An. Dom. Mᵒ CCᵒ Lᵒ, in craftino b¹ Johan. Bapt...

68. An. Dom. Mᵒ CCᵒ L. primo...

69. An. Dom. Mᵒ CCᵒ LIIᵒ, in craftino b¹ Johan. Bapt...

70. An. Dom. Mᵒ CCᵒ L. IIIᵒ, in craftino b¹ Johan.
Bapt...

71. An. Dom. M̊ CC LIIII°...

72. An. Dom. M° CC° LV°, in craſtin. b̊ Johan. Bap...

73. An. Dom. M° CC° LVI°, in capitulo b̊ Johan. Bap...

74. An Dom. M° CC° LVII°, in craſtin. b̊ Johan. Bapt...; debet capitulum... obergon preter uſuram,.. it. xxi lib. operi eccleſie.

75. An. Dom. M° CC° LVIII°, in craſtin. b̊ Johan. Bapt.

76. An. Dom. M° CC° LIX°, in feſto b̊ Johan. Bapt...

77. An. Dom. M° CC° LX°...

78. An. Dom, M° CC° LXI°...

79. An. Dom. M° CC° LXII ...

80. An. Dom. M° CC° LXIII°, die jovis poſt feſtum b̊ Johannis Bapt...

81. An. Dom. M° CC° L (X) V°, in craſtin. b̊ Johan. Bapt.

82. An. Dom. M° CC° LX° VII°, die craſtina b̊ Johan. Bap..; non computaverunt de confratria iſtius anni nec de expenſis factis occaſione poſtulationis dom̊ G(uidonis) de Alvernia.

83. An. Dom. M° CC° LXVIII°, in craſt, b̊ Johan. Bapt.

84. An. Dom. M° CC° LXIX°, die martis poſt quindenam b̊ Johan. Bapt..; dederunt c ſol. dom° Burnoni de Chinnins quando ivit ad ſcolas, & alios c ſol. dom° G. Dudin militi pro rancuris que faciebat de feudis que ceperat a capitulo Viennenſi & nichil inde habuerat a dicto capitulo Vienn.

85. An. Dom. M° CC° LXX°..; debentur Caorcinis ſuper pelvibus argenteis xv lib.

86. An. Dom. M° CC° LXX° I°, in craſt. b̊ Joh. Bapt.

87. An. Dom. M° CC° LXXIII°, in craſt. b̊ Joh. Bapt.

88. An. Dom. M° CC° LXXIIII°, in craſt. b̊ Joh. Bapt.

89. An. Dom. M° CC° LXXVI°, in craſtin. feſti b̊ Johan. Bapt..

90. An. Dom. M° CC° LXXVII°, die lune ante feſtum b̊ Marie Magdalenes...

91. An. Dom. M° CC° LX(X)VIII°, die martis poſt feſtum b̊ Marie Magdalenes...

92. An. Dom. M° CC° LXXIX°, die fabbati poft feftum Omnium Sanctorum...

92 a. An. Dom. M° CC° LXXX°, die lune in craftinum fefti b¹ Mauricii, in capitulo generali...

93. An. Dom. M° CC° LXXX° II°, die veneris poft feftum b¹ Mauricii..: expenderat per baftitam quam tenuit duos annos VI˟˟lib. & viii fol.

94. An. Dom. M°CC°LXXX° IIII°, die lune poft feftum b¹ Martini...

95. An. Dom. M° CC° LXXX° VII°, die veneris ante Ramos Palmarum..: non computaverunt de duabus viis factis apud Sanctum Theuderium & apud Gebennam & apud Lugdunum & aliis factis viis pro pace...

96. An. Dom. M° CC° LXXXX°, die lune in vigilia Affumptionis beate Marie, dom. G. de Claromonte decanus, qui fuerat refectorarius de anno Dom¹ M° CC° LXXX° V°...

97. An. Dom. M° CC° LXXX° VIII°, die mercurii ante feftum b¹ Mauricii.,.

98. An. Dom. M° CC° XC° I°, die jovis in vigilia apoftolorum Petri & Pauli...

99. An. Dom. M° CC° XC° II°, die jovis poft feftum b¹ Johan. Bapt...

100. An. Dom. M° CC° XC°, die veneris poft feftum b¹ Luce Evangelifte...

101. An. Dom. M° CC° LXXXX IIII°, die lune fancta, videl. 11° idus aprilis...

LIBER DIVISIONUM TERRARUM CAPITULI ECCLESIE VIENNENSIS, IN QUO CONTINENTUR DONA CANONICORUM ET DIVISIONES TERRARUM ET OBEDIENCIARIARUM IN PORCIONES CANONICAS.

ANNO ab Incarnatione Domini M CC° XX° V IIJ, iiij° idus novembris, Capitulum terras vacantes divifit in hunc modum. — Ancelmo cantori : Marenes, Ambalenz pro quo faciet dimidium anniverfarium, & Aciu & Chaftanei & vineam Sancti Johannis ultra Rodanum; & cadunt xx folidi, quos faciebat ei refectorium. Dom° Drodoni de Bello Videre: Balbins, & faciet dom° Gilio xv fol. quos per-

cipiebat apud   & domᵒ Gaudemaro de Monte
Calvo xxxv fol. quos faciebat ei refectorium; & xxv fol.
quos faciebat ei Nicholaus cadunt, & xv fol. quos faciebat
ei Challeus. Domᵒ Villelmo de Palude archidiacono : Ma-
rilleu, Challeu, Vireu; & cadunt xv fol. quos faciebat
Vireus domᵒ Gilio, quos faciet fibi dom. Drodo pro Balbins,
& cadunt xv fol., quos faciebat Vireus domᵒ Drodoni, &
ipfe recipiet fupra fe apud Balbins : faciet autem pro Challeu
refectorio vi fol., et aliosvi fol. pro Vireu. Petro de Boteon :
Planters, & faciet xx fol. Petro d'Anjo capellano & xx fol.
magiftro Johanni capellano, & habebit partem facrifte de
Revetins; & cadunt lx. fol. quos faciebat Villelmo &
Amedeo de Claro Monte, & x fol. quos faciebat P.
Laura, & x fol. quos faciebat Poncio Pag(ani), & x
fol. quos faciebat Villelmo de Brion, & viii fol. & iiii
den. quos faciebat G. d'Illin, & xxv fol. quos faciebat Martino de Bachillin : remanet autem cenfus refectorii qui eft xl.
& vi (fol.) & viii den. Affignatus eft etiam ipfi Petro de Boteon
quarto falis, & medietatem falis quod percipere debebat per
quinquennium percipiet inperpetuum. Nicholao remittuntur
xxv fol. quos faciebat Drodoni & xxv fol. quos faciebat
Falconi Vicarii & x fol. quos faciebat P. Laura & x fol.
quos faciebat Poncio Pag., & viii fol. & iiii den. quos
faciebat G. d'Illin & iii fol. & iii den. quos faciebat Alberto
de Fabricis. § G. d'Auries facrifte : Jains & Trinneu, &
faciet xv fol. refectorio. § Gaudemaro de Monte Calvo : Biol.
§ Villelmo & Amedeo de Claro Monte : Sanctum Petrum
& Sanctum Diderium de Peladru, & cadunt lx fol. quos
faciebat eis Repetin & faciunt xv fol. veteri cenfu, & facient
xl fol. refectorio quos refectorium faciet Gilberto capellano.
§ Alberto de Fabricis & Petro Falavel : ecclefiam Sancti
Michaelis de Peladru, & facient xx fol. Jacobo de Monte
Canuto quos faciebat ei refectorium, vetus cenfus eft xv fol.
§ Falconi Vicarii : Valenconi, & cadunt xv fol. quos faciebat
ei refectorium & debet v fol. refectorio. § Martino de Ba-
chillin : Mayreu, Cuillin, Bocellas, Breiffevet, & cadunt

xxv fol. quos faciebat ei pars facrifte apud Repen. & xv fol.
quos faciebat ei refectorium, & faciet x fol. refectorio quos
faciebat refectorium Gilberto capellano. § Petro Callico :
Chanullin & Seuzin, & cadunt xxv fol. quos faciebat refectorium, & faciet anniverfarium quod erat ibidem, & Torin &
faciet xx fol. refectorio. § Petro Lupi : Chomonz & curtile
de Bello Videre, & faciet xl fol. G. Blanc quos faciebat ei
refectorium. § B. chabifcolo : Albrez & Charanceu, & l fol.
habent ibi G. de Sancto Georgio & A. Pag., & faciet xxv fol.
Falconi Vicarii & iii fol. & iiii den. Alberto de Fabricis quos
percipiebat ad Repen. Zacharie capellano faciet refectorium
xxx fol. § Magiftro P. de Sancto Albano : Bois & debet
effe advocatus anniverfariorum. — Hec autem dicta funt &
divifa, veteribus cenfibus in fuo robore manentibus. —
Item Petro Lupi : Muruel & Maipin, Anayron & faciet
xv fol.

102. Anno Incarnati Verbi M° CC° XXX° IIJ°, xij° kalend. decembris, capitulum Viennenfe terras vacantes divifit...

103. An. Dom¹ M° CC° XXX° VIJ°, vi. kalend. octobris...

104. An. Dom¹ M° CC° XXX° V°, xv kalend. junii...

105. An. Dom. M° CC° XL° IIJ°, in capitulo generali
poft feftum beati Mauricii, capitulum Viennenfe terras vacantes Guillelmi archidiaconi... divifit...

106. An. Dom. M° CC° XL° IIIJ°, in capitulo generali
Omnium Sanctorum, capitulum Viennen. terras vacantes
dom¹ Gilii divifit...

107. An. Dom. M° CC° XL° V°, die lune poft Pafcha,
capitulum Viennen. terras vacantes P. de Auriolo...
divifit...

108. An. Dom. M° CC° XL° V°, in vigilia Pentecoftes,
capitulum Viennen. terras vacantes Martini de Bachillin
divifit...

109. An. Dom. M° CC° XL° V°, in fefto b¹ Policarpi,
capitulum Viennen. terras vacantes Ancelmi cantoris...
divifit...

110. An. Dom. M° CC° XL° VIIJ°, vi idus novembris, capitulum Viennen. terras vacantes quas tenuerat dom. NICHOLAUS, canonicus ejusdem ecclesie,... divisit... Intendit capitulum quod dom. R. Franceis, Guillus d'Ay, G. de Tollin & Anselmus habent x lib. cens, & ulterius non recipient in divisionibus terrarum nisi residentiam duorum clericorum fecerint. |

111. An. Dom. M° CC° XL° IX°, in craftinum Circumcisionis, capitulum Viennense terras vacantes quas tenuerat G. SACRISTA Viennen,... divisit... An. eod., in craftinum b. Mauricii, dom. Johannes archiepiscopus & canonici qui presentes erant in capitulo generali,..

112. An. Dom. M° CC° L°, capitulum s. Viennen. ecclesie terras vacantes quas tenuerat dom. Emo de Chin-(nins) sacrista Viennensis,... divisit...

113. An. Dom. M° CC° L° II°, in vigilia b. Andree, capitulum s. Viennen. ecclesie terras vacantes quas tenuerat B. CABISCOLUS... divisit,..

114. An. Dom. M° CC° L° IIJ°, capitulum s. Viennen. ecclesie terras vacantes quas tenuerat dom. GUILLELMUS D'AY,. divisit...

115. An. Dom. M° CC° L° IIJ°, die lune ante Annunciationem Dominicam, capitulum s. Viennen. ecclesie terras vacantes quas tenuerat dom. AR. DE FABRICIS... divisit,..

116. An. Dom. M° CC° L° IIII°, in octabis apostolorum Petri & Pauli, capitulum Viennen. ecclesie terras vacantes quas tenuerat dom. HUGO DECANUS.., divisit,..

117. An. Dom. M° CC° L° IIII°, in vigilia Symonis & Jude, capitulum Viennen, ecclesie terras quas tenuerat dom. Gaudemarus... divisit...

118. An. Dom. M° CC° L° V°, IIII° kalend. decenbris, capitulum s. Viennen. ecclesie terras vacantes quas tenuera(nt) JOHANNES DE ARENIS & magister P. de Sancto Albano, divisit,..

119. P. LUPI (env. 1256).

120. An. Dom. M° CC° L° VI°, in festo b. Antonii, ca-

www.ingramcontent.com/pod-product-compliance
Lightning Source LLC
Chambersburg PA
CBHW051735090426
42738CB00010B/2263